Johann Deichmüller

Die Insekten aus dem lithographischen Schiefer im Dresdener Museum

Johann Deichmüller

Die Insekten aus dem lithographischen Schiefer im Dresdener Museum

ISBN/EAN: 9783743695030

Hergestellt in Europa, USA, Kanada, Australien, Japan

Cover: Foto ©ninafisch / pixelio.de

Weitere Bücher finden Sie auf **www.hansebooks.com**

MITTHEILUNGEN

AUS DEM

KŒNIGLICHEN MINERALOGISCH-GEOLOGISCHEN UND PRÆHISTORISCHEN MUSEUM IN DRESDEN.

DR. H. B. GEINITZ, DIRECTOR.

SIEBENTES HEFT.

DIE INSECTEN

AUS DEM LITHOGRAPHISCHEN SCHIEFER

IM DRESDENER MUSEUM.

VON

DR. JOH. VICTOR DEICHMÜLLER,

DIRECTORIAL-ASSISTENT.

MIT 5 TAFELN ABBILDUNGEN.

CASSEL

VERLAG VON THEODOR FISCHER.

1886.

Index.

Vorwort.

Dem 1881 erschienenen vierten Hefte der Mittheilungen aus dem K. mineralogisch-geologischen und prähistorischen Museum, worin Herr Professor Dr. B. Vetter die Fische aus dem lithographischen Schiefer im Dresdener Museum beschrieben hat, folgt hier die dort in Aussicht gestellte Beschreibung der Insecten des lithographischen Schiefers, deren Untersuchung sich Herr Dr. J. V. Deichmüller seit jener Zeit hat angelegen sein lassen.

Es wird uns daher jetzt möglich, eine in den Sitzungs-Berichten der naturwissenschaftlichen Gesellschaft „Isis“ in Dresden, 1881, S. 51 u. f. gegebene Uebersicht sämmtlicher Versteinerungen aus dem lithographischen Schiefer im Dresdener Museum auch nach dieser Richtung hin zu ergänzen.

Die Gesammtzahl der Individuen, mit oder ohne Gegenplatte, deren Anzahl nach Einverleibung der von Elterlein'schen Sammlung 1680 betrug, vertheilt sich in folgender Weise:

	Gattungen	Arten	Exemplare
Vögel*)			
Chelonier	1	1	1
Lacertier	1	1	2
Pterosaurier	2	3	6
Fische	24	48	474
Insecten	44	53	337
Crustaceen	20	48	581
Würmer	2	2	2
Cephalopoden	7	21	224
Pelecypoden	1	1	6
Quallen	2	3	4
Strahlthiere	3	3	22
Pflanzen	7	9	21
	114 Gatt.	193 Arten	1680 Exemplare.

*) Vertreten durch einen Abguss des berühmten Exemplars von *Archaeopteryx lithographica* H. v. Mey. (*A. macrura* Owen) im British Museum und durch gute Abbildungen des kostbaren Exemplars in dem Museum der Universität zu Berlin.

Die von uns näher festgestellten Arten sind folgende:

A. Thiere.

I. Chelonia. Schildkröten.

1. *Idiochelys Fitzingeri* v. Mey. . . . . 1.

II. Lacertia. Eidechsen.

2. *Homoeosaurus Maximiliani* v. Mey. . . . . 2.

III. Pterosauria. Flugechsen.

3. *Pterodactylus micronyx* v. Mey. . . . . 1. Original.
4. *Pt. sp.* . . . . 2.
5. *Rhamphorhynchus Gemmingi* v. Mey. . . . . 3.

IV. Fische.

1. *Ganoidei.*

a. *Coelacanthidae.*

6. *Macropoma Willemoesii* Vetter . . . . 1. Original.
7. *Coelacanthus harlemensis* Winkler . . . . 1. Original

b. *Pycnodontidae.*

8. *Gyrodus macrophthalmus* Ag. . . . . 7.
9. — *titanius* Wagn. . . . . 2.

c. *Euganoidei.*

α. *Heterocerci.*

10. *Coccolepis Bucklandi* Ag. . . . . 1. Original.

β. *Homocerci.*

11. *Notagogus denticulatus* Ag. . . . . 1.
12. — *macropterus* Vetter . . . . 1. Original.
13. *Histionotus parvus* Vetter . . . . 1. Original.
14. *Ensemius Beatae* Vetter . . . . 1. Original.
15. *Ophiopsis serrata* Wagn. . . . . 4.
16. *Pholidophorus latimanus* Ag. . . . . 1.
17. — *microps* Ag. . . . . 1.
18. — *micronyx* Ag. . . . . 1.
19. — *magnus* Vett. . . . . 5.
20. *Strobilodus giganteus* Wagn. . . . . 1.
21. *Aspidorhynchus acutirostris* Ag. . . . . 12. (2,55 % der Fische.)
22. — *mandibularis* Ag. . . . . 4.
23. *Belonostomus tenuirostris* Ag. . . . . 2.
24. *Diplolepis elegans* Vett. . . . . 1.
25. — *Wagneri* Vett. . . . . 1.
    — *sp.* . . . . 1.
26. *Hypsocormus insignis* Wagn. . . . . 1.
27. *Agassizia titania* Wagn. . . . . 2. Original.

d. *Teleostei.*

28. *Caturus furcatus* Ag. . . . . 13. (2,74 %)
29. — *cyprinoides* Wagn. . . . . 2.
30. — *contractus* Wagn. . . . . 8.
31. — *macrurus* Ag. 1.
32. — *ferox* Winkler . . . . 10. (2,11 %)
33. *Eurycormus dubius* Vett. . . . . 1. Original.
34. *Megalurus polyspondylus* Mün. . . . . 1.
35. — *brevicostatus* Ag. . . . . 1.
36. *Lophiurus minutus* Vett. . . . . 1. Original.
37. *Thrissops formosus* Ag. . . . . 3.
38. — *salmoneus* Ag. . . . . 4.
39. — — var. *augustus* Ag. . . . . 20. (4,22 %)
40. — — var. *cephalus* Ag. . . . . 17. (3,58 %)
41. *Leptolepis sprattiformis* Ag. . . . . 182. (38,36 %)
42. — *Voithi* Ag. . . . . 5.
43. — *macrolepidotus* Ag. . . . . 2.
44. — *polyspondylus* Ag. . . . . 4.
45. — *Knorri* Ag. 130. (27,4 %)
46. *Thrissa Germari* Giebel . . . . 3.
47. — *radiatus* Gieb. . . . . 4.
48. — *elongatus* Gieb. . . . . 1.
49. — *intermedius* Gieb. . . . . 3.
50. — *parvus* Gieb. 1.
51. — *microcephalus* Gieb. . . . . 2.

2. *Placoidei.*

52. ? *Thyellina* sp. . . . . 1.
53. *Asterodermus platypterus* Ag. . . . . 1.

3. Anhang.

a. Coprolithen von Fischen . . . . 1.
b. Cololithen von Fischen . . . . 1.
c. Lumbricarien.

Lumbricaria recta Mün. . . . . 1.
— *intestinum* Mün. . . . . 17.
— *Colon* Mün. 10.

V. Insecta.

1. *Orthoptera.*

a. *Blattidae.*

54. *Mesoblattina lithophila* Germ. sp. . . . . 36. } 11,27 % aller Insecten.
55. *Blattina* sp. . . . . 2. }

b. *Acrididae.*

56. *Chresmoda obscura* Germ. . . . . 10.

c. *Locustidae.*

57. *Elcana amanda* Hag. sp. . . . . 2.
58. *Phaneroptera Germari* Münst. . . . . 1.
59. *Pycnophlebia speciosa* Germ. sp. . . . . 7.
60. *Conocephalus capito* nov. sp. . . . . —.
61. *Gryllacris propinqua* nov. sp. . . . . 6.
62. *Locustites* sp. . . . . 1.

2. *Neuroptera.*

A. Pseudoneuroptera.

a. *Termitina.*

63. *Termes lithophilus* Germ. sp. . . . . 2.
64. *Termes* sp. . . . . 1.

b. *Ephemeridae.*

65. *Ephemera mortua* Hag. . . . . 1.

c. *Odonata.*

66. *Estenma densa* Hag. sp. . . . . 2.
67. — *gigantea* Münst. sp. . . . . 2.
68. *Protolindenia Wittei* Gieb. sp. . . . . 13.
69. *Stenophlebia Amphitrite* Hag. . . . . 5.
70. — *aequalis* Hag. 8.
71. — *Phryne* Hag. . . . . 14.
72. *Cordulegaster ? intermedius* Münst. sp. . . . . 6.
73. *Cymatophlebia longialata* Germ. sp. . . . . 15.
74. *Uropetala Köhleri* Hag. sp . . . . 6.
75. *Isophlebia Aspasia* Hag. . . . . 6.
76. *Tarsophlebia eximia* Hag. . . . . 7.
77. *Agrion ? Eichstättense* Hag. . . . . 1.
Unbestimmte *Odonaten* in mehreren Arten . . . . 31.

(Nr. 66–77 und unbestimmte Odonaten: 34.42 % aller Insecten. 94,31 % aller Neuropteren.)

B. Neuroptera vera.

Hemerobina.

78. ? *Hemerobius priscus* Weyenb. . . . . 2.

Myrmeleonidae.

79. *Myrmeleon* sp. . . . . 1.

3. *Hemiptera.*

A. Homoptera.

Stridulantia.

80. *Cicada gigantea* Weyenb. . . . . 2.
81. — *Proserpina* Weyenb. . . . . 2.

B. Heteroptera.

a. *Nepidae.*

82. *Nepa primordialis* Germ. . . . . . 6.
83. *Belostoma deperditum* Germ. sp. . . . . . 10.
84. *Naucoris lapidarius* Weyenb. . . . . . 1.

b. *Notonectidae.*

85. *Notonecta Elterleini* nov. sp. . . . . . 1.

4. *Coleoptera.*

a. *Carabidae.*

86. *Chlaenius solitarius* nov. sp. . . . . . 1.
87. *Amara ? Pseudo-Zabrus* nov. sp. . . . . . 1.
88. *Carabus* sp. . . . . . 1.

b. *Hydrophilidae.*

89. *Pseudohydrophilus longispinosus* nov. sp. . . . 5

c. *Scaphidiidae.*

90. ? *Scaphidium Hageni* Weyenb. . . . . . 1.

d. *Scarabaeidae.*

91. *Geotrupes lithographicus* nov. sp. . . . . . 1.

e. *Buprestidae.*

92. *Eurythyrea grandis* nov. sp. . . . . . 1.
93. *Sphenoptera Sphinx* Germ. sp. . . . . . 13.
94. ? *Buprestis lapidelythris* Weyenb. . . . . . 1.
95. *Buprestis* sp. . . . . . 2.

f. *Elateridae.*

96. ? *Elater Costeri* Weyenb. . . . . . 1.
97. ? — *grossus* Weyenb. . . . . . 1.

g. *Pyrochroidae.*

98. *Pyrochroa brevipes* nov. sp. . . . . . 3.

h. *Curculionidae.*

99. *Curculionites* sp. . . . . . 1.

i. *Cerambycidae.*

100. *Cerambycites minor* nov. sp. . . . . . 4.
101. — *dubius* Germ. sp. . . . . . 1.

k. *Chrysomelidae.*

102. ? *Cryptocephalus mesozoicus* Weyenb. . . . . . 1.
103. ? *Chrysomela rara* Weyenb. . . . . . 2.

(Nr. 86–103: 12,17 % aller Insecten.)

5. *Hymenoptera.*

Uroceridae.

104. *Pseudosirex Schroeteri* Germ. sp. . . . . . 1.
105. — *elongatus* Germ. sp. . . . . . 11.

106. *Pseudosirex minimus* Oppenh. . . . . 3.
Unsichere Reste . . . . 65.

VI. Crustacea. Krebse.

1. *Isopoda.*

107. *Urda rostrata* Mün. . . . . 2.
108. — *punctata* Mün. sp. . . . . 2.

2. *Stomatopoda.*

109. *Sculda pennata* Mün. 1.

3. *Decapoda macrura.*

110. *Eryon propinquus* Schl. sp. . . . . 12.
111. — *elongatus* Mün. 2.
112. — *arctiformis* Schl. sp. . . . . 14.
113. — *bilobatus* Mün. 2.
114. — *Schuberti* v. Mey. . . . . 4.
115. — *Redtenbacheri* Mün. . . . . 8.
116. *Eryma modestiformis* Schl. sp. . . . . 15.
117. — *leptodactylina* Germ. sp. . . . . 39. (6,71 % der Krebse.)
118. — *elongata* Mün. sp. . . . . 3.
119. — *minuta* Schl. sp. . . . . 9.
120. — *fuciformis* Schl. sp. . . . . 12.
121. *Pseudastacus pustulosus* Mün. sp. . . . . 2.
122. *Magila latimana* Mün. . . . . 1.
123. — *robusta* Mün. 1.
124. *Glyphea pseudoscyllarus* Schl. sp. . . . . 12.
125. *Mecochirus longimanus* Schl. sp. . . . . 48. (8,26 %)
126. — *Bajeri* Germ. 36. (6,19 %)
127. — *brevimanus* Mün. sp. . . . . 14.
128. — *dubius* Mün. sp. . . . . 5.
129. *Palinurina longipes* Mün. . . . . 20. (3,44 %)
130. — *tenera* Oppel . . . . 6.
131. — *pygmaea* Mün. 17.
132. *Phyllosoma priscum* Mün. sp. . . . . 20. (3,44 %)
133. *Penaeus speciosus* Mün. sp. . . . . 28. (4,82 %)
134. — *intermedius* Opp. . . . . 12.
135. — *Meyeri* Opp. . . . . 31. (5,33 %)
136. ? *Rauna angusta* Mün. . . . . 1.
137. ? *Bombur complicatus* Mün. . . . . 2.
138. *Acanthochirus longipes* Opp. . . . . 8.
139. — *cordatus* Mün. sp. . . . . 13.

140. *Acanthochirus angulatus* Opp. . . . . 14.
141. *Bylgia spinosa* Mün. . . . . 2.
142. *Drobna deformis* Mün. . . . . 6.
143. — *curvirostris* Mün. sp. . . . . 1.
144 *Dusa monocera* Mün. . . . . 2.
145. — *denticulata* Opp. 1.
146. *Aeger insignis* Opp. 12.
147. — *tipularius* Schl. sp. . . . . 27. (4,65 %)
148. — *elegans* Mün. . . . . 2.
149. — ? *Bronni* Opp. 1.
150. — *armatus* Opp. . . . . 10.
151. *Hefriga serrata* Mün. 17.
152. — *Frischmanni* Opp. . . . . 3.
153. *Elder ungulatus* Mün. 2.

4. *Poecilopoda.*

154. *Limulus Walchi* Desm. 4.
— sp. . . . . 19.

VII. Vermes. Würmer.

155. *Eunicites atavus* Ehlers . . . . 1.
156. *Epitrachys rugosus* Ehl. . . . . 1.

VIII. Mollusca.

1. *Cephalopoda.* Kopffüsser.

157. *Acanthoteuthis speciosa* Mün. . . . . 6.
158. — *Ferrussaci* Mün. . . . . 2.
159. *Coccoteuthis hastiformis* Rüpp. sp. . . . . 3.
160. *Leptoteuthis gigantea* Mün. sp. . . . . 1.
161. *Plesioteuthis prisca* Rüpp. sp. . . . . 60. (26,78 % der Cephalopoden.)
162. var. *semistriata* Mün. . . . . 1.
163. — *angusta* Mün. sp. . . . . 1.
164. — *brevis* Mün. sp. . . . . 1.
165. — *acuta* Mün. sp. . . . . 4.
166. *Celaeno scutellaris* Mün. . . . . 1.
167. *Belemnites hastatus* Blainv. . . . . 1.
168. *Ammonites Ulmensis* Opp. . . . . 29. (12,94 %)
169. — *Autharis* Opp . . . . ?.
170. — *hybonotus* Opp. . . . . 1.
171. — *latus* Opp. . . . . 5.
172. — *hoplisus* Opp. . . . . 4.
173. — *lingulatus* v. Buch . . . . 9.

174. *Ammonites euglyptus* Opp. . . . . 1.
175. — *Bous* Opp. . . . . 3.
176. — *steraspis* Opp. . . . . 5.
177. — *tenuilobatus* Opp. 1.
Aptychus Ulmensis Opp. . . . . 3.
— *latus* Park. . . . . 26.
— *lamellosus* Park. . . . . 55.

2. *Pelecypoda.* Muscheln.

178. *Posidonomya socialis* Goldf. sp. . . . . 6.

IX. Acalepha. Quallen.

179. *Rhizostomites admirandus* Häckel . . . . 1. (Original.)
180. — *lithographicus* Häckel . . . . 1. (Original.)
181. *Medusites* sp. . . . . 1.

X. Radiata. Strahlthiere.

1. *Asteroiden.* Seesterne.

182. *Geocoma carinata* Goldf. sp. . . . . 1.

2. *Crinoidea.* Haarsterne.

183. *Saccocoma pectinata* Goldf. sp. . . . . 15. (auf besond. Platten.)
184. *Comatula pennata* Schl. sp. . . . . 6.

B. Pflanzen.

185. *Codites serpentinus* Sternberg . . . . 7.
186. *Münsteria clavata* Stb. 1.
187. *Halymenites cernuus* Mün. . . . . 2.
188. *Chondrites* sp. . . . . 1.
189. *Caulerpites colubrinus* Stb. . . . . 2.
190. *Confervites filaria* (*Lumbricaria filaria*) Mün. sp. . . . . 2.
191. — *conjunctus* (*Lumbricaria conj.*) Mün. sp. . . . . 3.
192. *Arthrotaxites princeps* Ung. . . . . 2.
193. — *Frischmanni* Ung. . . . . 1.

Da aus der von Elterlein'schen Sammlung bei Lebzeiten des Besitzers unserem Wissen nach nichts Wesentliches ausgeschieden oder abgegeben worden ist, so gewinnt man durch obige Uebersicht wenigstens ein annäherndes Bild von der Vertheilung der verschiedenen Organismen im lithographischen Schiefer von Eichstädt und von dem Vorherrschen einiger Arten, unter denen insbesondere *Saccocoma pectinata* Goldf. am allerhäufigsten gefunden wird.

Dresden, am 2. April 1886.

Dr. H. B. Geinitz.

Die Insecten des lithographischen Schiefers haben schon frühzeitig das Interesse der Sammler auf sich gezogen, wie die seit dem Ende des vorigen Jahrhunderts in verschiedenen Schriften verstreuten Beschreibungen und Abbildungen einzelner Exemplare bezeugen. Die erste umfassendere Bearbeitung derselben verdanken wir GERMAR, der 1839 in den Nov. Act. Ac. C. Leop. Bd. XIX. S. 189—222. Taf. XXI—XXIII aus der Münster'schen Sammlung 18 Arten beschrieb, welchen er 1840 in Münster's Beitr. z. Petrefactenkunde. Heft V. S. 79—89. Taf. IX und XIII noch sieben neue hinzufügte. Weitere einzelne Arten wurden in den folgenden Jahren durch HAGEN, C. VON HEYDEN und GIEBEL bekannt gemacht. Im zweiten Bande seiner Fauna der Vorwelt. 1856, stellte GIEBEL die bis dahin bekannten Arten sorgfältig zusammen und versuchte nach den vorhandenen Abbildungen und Beschreibungen eine genauere Deutung derselben. 1862 erschien sodann HAGEN'S erste grosse Arbeit über die Neuroptern aus dem lithographischen Schiefer in Bayern (Paläontogr. Bd. X. S. 96—145. Taf. XIII—XV), welche ausser einer Zusammenstellung der bisher über die Insecten des lithographischen Schiefers veröffentlichten Literatur und einem Verzeichniss der bekannten Arten eine kritische Durchsicht und Berichtigung der GERMAR'schen Arten, die Beschreibung mehrerer neuer Termiten, Ephemeren und Locusten und eine eingehende Bearbeitung des grössten Theiles der Odonaten dieser Schichten enthält. Die wichtigsten der seit dieser Zeit erschienenen Schriften, in welchen theils neue Arten beschrieben, theils ältere berichtigt werden, sind:

1864. HEER, O. Ueber die fossilen Kakerlaken. (Vierteljahrsschr. d. naturforsch. Ges. Zürich. 9. Jahrg. S. 273 bis 302. Taf. II.)

1866. HAGEN, A. Die Neuroptera des lithographischen Schiefers in Bayern. (Paläontogr. Bd. XV. S. 57—96. Taf. XI—XIV.)

1869. WEYENBERGH, H. Sur les insectes fossiles du calcaire lithographique de la Bavière, qui se trouvent au musée Teyler. (Arch. Mus. Teyler. T. II. p. 247—294. Pl. XXXIV—XXXVII.)

1873. WEYENBERGH, H. Notes sur quelques insectes du calcaire jurassique de la Bavière. (Arch. Mus. Teyler. T. III. p. 234—240.)

1874. WEYENBERGH, H. Varia zoologica et palaeontologica. (Periódico zoológico. Buenos-Aires. T. I. p. 77 bis 86. Lam. III.)

1874. WEYENBERGH, H. Enumération systématique des espèces qui forment la faune entomologique de la période mésozoique de la Bavière. (Periód. zoolój. T. I. p. 87—106.)

1877. ASSMANN, A. Ueber die von GERMAR beschriebenen und im paläontologischen Museum zu München befindlichen Insecten aus dem lithographischen Schiefer in Bayern. (Amtl. Ber. der 50. Versamml. Deutscher Naturf. u. Aerzte. München. S. 191—192.)

1880. SCUDDER, S. The devonian insects of New-Brunswick. (Mem. Boston Soc. nat. hist. 1880. p. 41. Pl. I.)

1885. SCUDDER, S. Notes on mesozoic cockroaches. (Proceed. Ac. nat. sciences Philadelphia. 1885. P. II. p. 105—115.)

1885. OPPENHEIM, P. Die Ahnen unserer Schmetterlinge in der Secundär- und Tertiärperiode. (Berlin. entomolog. Zeitschr. Bd. XXIX. S. 331—349. Taf. X—XII.)

1885. SCUDDER, S. In Zittels Handbuch der Paläontologie. I. Abth. Bd. II. Insecten. S. 747—831 mit Abbild.)

Die Zahl der bis jetzt benannten Arten ist durch diese Arbeiten auf mehr als hundert gestiegen, doch ist ein grosser Theil derselben, namentlich der von WEYENBERGH beschriebenen, auf so fraglichen Resten begründet, dass ihre Selbstständigkeit erst durch weitere Untersuchung der Typen festgestellt werden muss.

Die Dresdener Sammlung besitzt von Insecten aus den lithographischen Schiefern wenig mehr als 300 Exemplare, die fast sämmtlich von Eichstädt stammen. Nur ein kleiner Theil derselben war zur Bestimmung ungeeignet. Odonaten befinden sich unter diesen nicht. Der Rest vertheilt sich in folgender Weise:

Orthoptera	9 Gen.,	9 Spec.,	71 Exempl.
Neuroptera	13 „	17 „	123 „
Hemiptera	6 „	6 „	22 „
Coleoptera	15 „	18 „	41 „
Hymenoptera	1 „	3 „	15 „
	44 Gen.,	53 Spec.,	272 Exempl.

Nahezu ein Drittel aller Gattungen und Arten und mehr als ein Drittel sämmtlicher Insecten gehört zu den Neuropteren im weiteren Sinne, der grösste Theil derselben zu den Odonaten. Während die Termitinen durch 2, die Hemerobinen, Myrmeleoniden und Ephemeriden nur durch je 1 Art vertreten sind, zählen die Odonaten in 9 Gattungen mit 12 Arten 85 Individuen, denen sich noch weitere 31 nicht näher bestimmbare anschliessen, die sich wieder auf mehrere Species vertheilen dürften. Nach HAGEN'S Durchsicht der Münchener Sammlung im Jahre 1862 bildeten die Neuropteren ein Drittel sämmtlicher Insecten, die Odonaten ca. 90 pCt. derselben, ein Verhältniss, welches dem in der hiesigen Sammlung fast genau entspricht. Unter den Odonaten wiegen die Gomphinen mit 5 Gattungen, 7 Arten und 67 Exemplaren vor, ihnen zunächst stehen die Calopteryginen mit 2 durch 13 Individuen vertretenen Arten, während die Libellulinen und Agrioninen zurücktreten, die Aeschninen und Cordulinen fehlen. Aehnlich war das Verhältniss, wie es HAGEN in der Münchener Sammlung fand. Auch dort bildeten Gomphinen sowohl der Art- als Individuen-Zahl nach den grössten Theil der Odonaten, wenn man berücksichtigt, dass mehrere ursprünglich von HAGEN zu den Calopteryginen gestellte Arten (*Stenophlebia*) später von ihm zu Ersteren gerechnet worden sind. Die Letzteren nahmen der Häufigkeit nach den nächsten Rang hinter den Gomphinen ein. Zu den gewöhnlichsten Odonaten gehören *Cymatophlebia longiolata*, *Stenophlebia Phryne* und *Protolindenia Wittei*, zu den selteneren die Libellulinen und Agrioninen.

Die Coleopteren stehen an Mannigfaltigkeit noch über den Neuropteren, an Häufigkeit aber weit hinter denselben zurück, da sie nur etwa den sechsten Theil aller bestimmbaren Insecten vertreten, die 15 Gattungen mit 18 Arten angehören. Unter diesen liessen sich 4 mit den Buprestiden, 3 mit den Carabiden, je 2 mit den Elateriden, Cerambyciden und Chrysomeliden und je 1 mit den Hydrophiliden, Scaphidiiden, Scarabaeiden, Pyrochroiden und Curculioniden vereinigen. Am häufigsten ist eine Bupreste *Sphenoptera Sphinx*, als welche fast ⅓ aller Käfer bestimmt wurde, demnächst ein *Pseudohydrophilus* und ein *Cerambycites*. WEYENBERGH beschreibt noch Käfer aus den Familien der Dytisciden, Gyriniden, Silphiden, Histeriden, Tenebrioniden und Coccinelliden, die zum grossen Theil unsicher bestimmt sind.

Einen grösseren Antheil an der Zusammensetzung der Insectenfauna des lithographischen Schiefers nehmen die Orthopteren mit einem Viertel aller Insecten. Sie gehören 9 Gattungen mit ebensoviel Arten an, von diesen 2 den Blattiden, 1 den Acrididen und 6 den Locustiden. Mantiden, Phasmiden und Grylliden scheinen zu fehlen, von Forficularien glaubt WEYENBERGH 1 Art zu erkennen. Mehr als die Hälfte aller Orthopterenreste ist zu einer Blattina, *Mesoblattina lithophila*, zu rechnen; durch 16 Individuen ist eine durch die Länge ihrer Beine ausgezeichnete Acridide, *Chresmoda obscura*, nachgewiesen. Ziemlich häufig tritt auch eine grossflügelige Locuste, *Pycnophlebia speciosa*, und eine *Gryllacris*-Art auf, spärlich nur die Gattungen *Elcana*, *Phaneroptera* und *Conocephalus*. Ausser diesen ist noch zweier Reste zu gedenken, die von GERMAR und WEYENBERGH als *Ricania*-Arten zu den Hemipteren gestellt wurden, von denen aber SCUDDER nachgewiesen hat, dass sie zu den für paläozoische Schichten charakteristischen Palaeoblattarien gehören.

Die Hemipteren treten noch mehr zurück, sie bilden nicht den 10. Theil der uns vorliegenden Insectenreste. Die Homopteren erscheinen vereinzelt mit 2 Arten Singcicaden, die Heteropteren mit 4 Wasserwanzen aus den Familien der Notonectiden und Nepiden, deren häufigere eine grosse *Belostoma* ist.

Am schwächsten vertreten sind die Hymenopteren mit 3 Arten von Holzwespen.

Die Dipteren-Reste sind unsicher, Lepidopteren scheinen unserer Fauna zu fehlen. Das, was GERMAR als *Musca* und *Asilicus*, WEYENBERGH als *Chleilosia*, *Empidia* und *Tipularia* beschrieben haben, ist z. Th. falsch bestimmt, z. Th. fraglich. Die von verschiedenen Autoren als Schmetterlinge betrachteten Fossilien haben sich ausnahmslos als zu anderen Ordnungen gehörig herausgestellt.

Als charakteristisch für die Insectenfauna des lithographischen Schiefers können wir demnach Folgendes bezeichnen: Geringe Mannigfaltigkeit der Blattinen, aber grosse Häufigkeit einzelner Arten derselben; das Auftreten grosser langfüssiger Acridier; den Artenreichthum der Locusten, unter denen grosse breitflügelige vorwiegen; die ausserordentliche Menge von Odonaten, die in zum Theil riesigen Formen auftauchen; das spärliche Erscheinen mehrerer Arten grosser Ephemeren, Myrmeleoniden und Hemerobinen und mehrerer Gattungen von Wasserwanzen, deren Hauptmasse grosse Belostomen bilden, sowie einzelner zum Theil grosser Holzwespen; eine reich differenzirte Käferfauna.

Ein Blick auf die Insectenwelt der paläozoischen Formationen zeigt deren grosse Verschiedenheit von der des Jura. Während sich im Letzteren schon fast alle Ordnungen, z. Th. selbst Unterordnungen und Familien, welche für die recenten Insecten aufgestellt sind, nachweisen lassen, bilden jene nach SCUDDER eine eigene Gruppe, die *Palaeodictyoptera*, die fast nur aus Typen zusammengesetzt ist, welche die die heutigen Ordnungen trennenden Charaktere noch in sich vereinigen.*) Mit dem Beginne der mesozoischen Schichten hören auch die Paläodictyopteren fast vollständig auf und erscheinen unsere heutigen Insectenordnungen, deren Entwickelung in der Trias, bez. zu Anfang der Juraformation vor sich gegangen sein muss.

Schon die Insectenfauna des Lias bietet ein ganz anderes Bild als die der paläozoischen Formationen. Zwar bilden auch hier die Blattinen noch einen grossen Theil der Fauna und überwiegen den übrigen Orthopteren gegenüber, dagegen beginnen die Coleopteren, welche in früheren Zeiten nur spärlich vorhanden waren, durch ihren Artenreichthum zu dominiren, es treten einzelne Odonaten auf, die den jetztweltlichen nahe verwandt sind, ebenso Termiten, es erscheinen echte Neuropteren mit Sialiden, Panorpiden

*) Vergl. auch F. BRAUER in Annal. K. K. naturhist. Hofmus. I, 2. Wien 1886. S. 117.

und Phryganiden, Hemipteren mit kleinen Cicaden und Landwanzen, verschiedene Dipteren, von den Hymenopteren zuerst die Ameisen, während Lepidopteren noch fehlen.

Aus dem Dogger sind nur wenige Insecten bekannt, desto mehr aus dem oberen Jura. Wie im Lias sind auch hier die Coleopteren die artenreichste Ordnung, unter ihnen die Buprestiden und Hydrophiliden, dagegen bilden die Odonaten durch ihre grosse Zahl den wichtigsten Bestandtheil der Insectenfauna, sie entwickeln sich in so grosser Mannigfaltigkeit, dass sie fast den fünften Theil aller Arten umfassen, einzelne erlangen zum Theil riesige Grösse. Unter den Orthopteren sind die Blattinen noch immer die häufigsten, ihre Artenzahl aber hat beträchtlich abgenommen, dafür nehmen die Locustiden zu und treten neben kleineren Arten grosse, breitflügelige auf, die denen des Lias gegenüber Riesen zu nennen sind. Auch die Acridier erscheinen in grossen, eigenthümlichen Formen. Neben den aus dem Lias bekannten Neuropteren zeigen sich grosse Ephemeren, Myrmeleoniden und Hemerobinen, neben ansehnlichen Singcicaden noch Wasserwanzen, die Hymenopteren ergänzen sich durch grosse Holzwespen.

Mangelhafter ist unsere Kenntniss der Purbeckinsecten. Die meisten Formen scheinen zu den Käfern zu gehören; unter den Orthopteren treten die Blattinen wieder in grösserer Artenzahl auf; die Locustiden und Odonaten sind seltener und fehlen die ansehnlichen Formen, einzelne Gattungen, die bereits im lithographischen Schiefer sich zeigten, sind auch hier noch vertreten. Hemipteren, Dipteren und Hymenopteren haben nur wenige Reste hinterlassen. Noch geringer ist unsere Kenntniss der Insecten der Kreideformation.

Mit dem Beginn der Tertiärformation und dem Erscheinen höherer Blüthenpflanzen ändert sich auch die Insectenfauna. Zahlreiche neue Formen treten zu bereits bekannten hinzu, früher nur spärlich bekannte Gruppen tauchen in reicher Mannigfaltigkeit auf, die Zahl der Insecten nimmt ausserordentlich zu und es entsteht eine Fauna, die der jetztweltlichen an Reichhaltigkeit entspricht. Die Zahlenverhältnisse der einzelnen Ordnungen ändern sich mit einem Male, die früher die Hauptmasse bildenden Orthopteren, Neuropteren und Hemipteren treten zurück, Coleopteren, Dipteren und Hymenopteren in den Vordergrund, von den Lepidopteren zeigen sich unzweifelhafte Ueberreste. Zu gleicher Zeit nimmt die Zahl der erloschenen Gattungen ab. Während in den ältesten Schichten alle Insecten zu ausgestorbenen Geschlechtern gehören, treten bereits in der mesozoischen Zeit neben jenen Formen auf, die sich von lebenden kaum unterscheiden lassen, im Tertiär bilden die erloschenen noch nicht ein Drittel aller Gattungen, die Zahl ihrer Arten ist geringer als die der lebenden.

Es erübrigt uns noch, die Resultate zu überblicken, welche sich aus dem Vergleiche der uns vorliegenden jurassischen Insecten mit den lebenden ergeben haben. Zunächst hat sich gezeigt, dass die für die letzteren aufgestellten Hauptgruppen schon im Jura sich vollständig getrennt und scharf geschieden finden, dass keine Form irgendwie als nicht in die heutigen Ordnungen passend, als Uebergang zwischen mehreren derselben betrachtet werden müsste. Zu P. OPPENHEIM'S Ansicht, welcher in seinen Rhipidorhabden Formen zu erkennen glaubte, die zu keiner der heutigen Insectenordnungen gehörig, als Stammform der Lepidopteren zu betrachten seien, die den Uebergang von diesen zu den Neuropteren vermitteln, haben wir uns nicht bekennen können, vielmehr in jenen Formen echte Hymenopteren, nahe Verwandte der Uroceriden erkennen müssen. In den Unterabtheilungen ist diese scharfe Trennung nicht immer ausgeprägt, da unter den jurassischen Insecten Formen vorhanden sind, welche Charaktere in sich vereinigen, die heute von einander wohl unterschiedenen Familien bez. Unterfamilien zukommen. Dies ist

z. B. der Fall mit der hier als *Pseudohydrophilus* bezeichneten Gattung, die unzweifelhaft zu den Hydrophiliden im weiteren Sinne gehört. Diese Gattung trägt nun vollständig den Habitus und die sonstigen Kennzeichen eines echten *Hydrophilus* an sich, mit Ausnahme der Grössenverhältnisse der Tarsenglieder. Während bei den Hydrophiliden im engeren Sinne das erste Tarsenglied kleiner als die übrigen ist, ist es bei der fossilen Gattung wie bei den Sphaeridiinen länger, es bildet diese also ein Bindeglied zwischen den Hydrophiliden im engeren Sinne und den Sphaeridiinen. Als weiteres Beispiel kann die Acrididen-Gattung *Chresmoda* angeführt werden, die wegen der Form und Grösse der Fühler und des Vorderrückens, der als Schreitbeine ausgebildeten Beinpaare und des Flügelgeäders zu den Acrididen gestellt werden muss, durch die Länge der vorderen beiden Beinpaare aber mit den Phasmiden verwandt ist. Ebenso deutlich treten Uebergänge bei den Odonaten hervor. Während z. B. die Libelluliden unter den recenten Odonaten durch die verschiedene Form und Stellung der Dreiecke in den Vorder- und Hinterflügeln eine Sonderstellung einnehmen, sehen wir in der fossilen Gattung *Estemoa* eine Odonate, die mit den Aeschniden die gleiche Gestalt und Lage der Flügeldreiecke gemeinsam hat, wegen ihrer übrigen Charaktere aber zu den Libellulinen gerechnet werden muss. Aehnliche Verhältnisse lassen auch andere Odonaten erkennen, die im Geäder mit den Gomphinen, im Habitus, im Bau des Hinterleibs und der Appendices mit den Aeschninen übereinstimmen.

Aus diesen Verhältnissen ergiebt sich die directe Folgerung, dass ein grosser Theil der im lithographischen Schiefer vertretenen Gattungen als erloschen betrachtet werden muss. Manche derselben kennen wir nur aus dem lithographischen Schiefer, wenige erstrecken sich aus dem Lias bis in den oberen Jura (*Tarsophlebia*) oder bis in den Purbeck (*Mesoblattina*), oder aus dem oberen Jura bis in den Purbeck (*Elcana*), bez. bis in die Kreide (*Estemoa*). Ein grosser Theil der fossilen Formen muss vorläufig an jetztweltliche Gattungen angeschlossen werden, weil die Kenntniss der zur Trennung von den lebenden berechtigenden Merkmale zur Zeit noch fehlt. Auf die Verwandtschaftsverhältnisse mit den recenten Formen ist bei der speciellen Betrachtung den Gattungen und Arten näher eingegangen worden.

Ehe wir zur Beschreibung der einzelnen Arten übergehen, ist es für uns eine angenehme Pflicht, auch an dieser Stelle denjenigen Herren zu danken, die uns in bereitwilligster Weise bei unseren Arbeiten unterstützt haben. Zu grossem Danke sind wir Herrn Prof. Dr. von Zittel verpflichtet für die im ausgedehntesten Maasse gestattete Benutzung der reichen Schätze der Münchener Sammlung, in gleicher Weise Herrn Prof. Dr. von Koenen und Herrn Prof. Dr. Bütschli für die Mittheilung der in den Universitätssammlungen zu Göttingen und Heidelberg aufbewahrten Typen Giebel's. Nicht geringeren Dank schulden wir Herrn Th. Kirsch, Custos an der entomologischen Sammlung des K. zoologischen Museums zu Dresden, für die in bereitwilligster Weise gewährte Unterstützung bei Benutzung der dortigen Sammlung und Bibliothek.

I. Orthoptera.

Fam. Blattidae.

Mesoblattina E. Geinitz 1880.

Vorderflügel gestreckt-oval; *area mediastina* kurz, glatt, ungeadert; *vena scapularis* gerade oder nur mässig gebogen zur Flügelspitze laufend, ein breites, bisweilen fast die Hälfte der Flügelbreite einnehmendes Randfeld begrenzend; *v. analis* scharf gekrümmt und tief in den Flügel eingeschnitten, *area analis* gross, gewölbt, die Adern derselben z. Th. im Innenrande des Flügels, z. Th. in der Analader selbst endend; die Mitteladern des Flügels Anfangs wie die *v. analis* gekrümmt, dann nach der Spitze umgebogen und parallel in nach vorn gestreckter Richtung verlaufend. (**Halsschild** fast quer-elliptisch, der Hinterrand stark eckig-gerundet, der Vorderrand flach gekrümmt; **Vorderflügel** kaum länger als der Körper, **Hinterflügel** von der gleichen Länge; **Beine** kurz, **Hinterschenkel** stark bedornt; **Körper** breit und flach gewölbt.)

M. lithophila Germ. sp. Taf. I. Fig. 1—6.

1837. *Musca lithophila*, GERMAR, Nov. Act. Ac. C. Leop. XIX. S. 222. Taf. XXIII. Fig. 19.
1856. *Musca lithophila*, GIEBEL, Fauna der Vorwelt. II, 1. S. 198.
1862. *Musca lithophila*, HAGEN, Palaeontogr. X. S. 111 u. 112.
1865. *Blattidium Beroldingianum*, HEER, Vierteljahrsschrift naturforsch. Ges. Zürich. IX, 4. S. 300. Fig. 8.
1869. *Musca lithophila*, WEYENBERGH, Arch. Mus. Tryler. T. II. p. 253, 256. Pl. XXXIV. Fig. 2.
1877. *Musca lithophila* GERM. = *Blattidium Beroldingianum* HEER. ASSMANN, Amtl. Bericht 50. Versamml. deutsch. Naturforsch. München. S. 192.
1885. *Musca lithophila*, SCUDDER in ZITTEL'S Handbuch der Palaeont. 1. Abth. II. Bd. S. 806.

Häufigste Art des lithographischen Schiefers.

Die Körperlänge variirt nur wenig und beträgt durchschnittlich 18 mm; Vorderrücken 5 mm lang, 7 mm breit; Hinterleib 8 mm l., an der breitesten Stelle, am zweiten Segment, 7,5 mm br.; Länge einer Flügeldecke 15 mm, Breite 5,5 mm.

Der **Kopf** ragt nur wenig unter dem Halsschild vor, die borstenförmigen Fühler erreichen anscheinend noch nicht Körperlänge.

Halsschild fast elliptisch, grösste Breite vor der Mitte, der Vorderrand flacher als der Hinterrand gebogen, dieser mehrfach gerundet-eckig gebrochen, in der Mitte leicht nach hinten gezogen (Fig. 5). Es bildet ein flachgewölbtes Schild mit schmalem, aufgeworfenen Rande, über dessen Fläche meist einige, wohl zufällige Buckel und Wülste vertheilt sind, und welches bisweilen durch eine feine mittlere Längsfurche getheilt wird.

An der **Mittel-** und **Hinterbrust** erkennt man die grossen dreieckig gerundeten Hüften, die durch tiefe Furchen in der Körpermitte getrennt werden.

Der breit-ovale **Hinterleib** setzt sich an besser erhaltenen Exemplaren aus 8 Segmenten zusammen, die als schmale, nach vorn gekrümmte und an den Hinterecken in kurze dreieckige Fortsätze verlängerte Schienen von nahezu gleicher Länge erscheinen. Nur das vorletzte Segment ist viel kürzer und stärker gekrümmt als die vorangehenden, das Endsegment länger und hinten gerundet. Nahe der Hinterleibsspitze trägt dasselbe bisweilen zwei kurze, dornartige, anscheinend ungegliederte Anhänge.

Die **Vorderflügel** sind länglich oval, aussen flach gerundet, innen fast gerade begrenzt, nach der gerundeten Spitze zu kaum verschmälert, den Hinterleib nur wenig überragend. Wie bei den palaeozoischen Schaben erkennt man auch hier fünf selbstständige Hauptadern. Die *vena mediastina* ist Anfangs mit der *v. scapularis* verwachsen, trennt sich aber sehr bald von dieser und läuft unter spitzem Winkel im ersten Drittel der Flügellänge in den Aussenrand ein. Ihre Lage markirt sich durch eine scharfe Furche. Die so begrenzte *area mediastina* ist schmal, nach hinten scharf zugespitzt, leicht gewölbt und glatt. — Die tief in die Flügeloberfläche eingeschnittene *v. analis* ist der Mediastina sehr nahe gerückt, die Mitteladern werden hierdurch nach aussen gedrängt und verwachsen zum Theil mit jener. Das Analfeld selbst nimmt fast zwei Drittel der Breite und mehr als ein Drittel der Länge des Flügels ein, ist stark gewölbt und fast aderlos, nur an der Innenecke treten einige feine Aederchen hervor, die z. Th. in den Rand, z. Th. nach der Hinterecke des Analfeldes laufen. Das Fehlen der Adern im Rand- und dem grössten Theil des Analfeldes scheint darauf hinzudeuten, dass der basale Theil der Vorderflügel von festerer, hornigerer Beschaffenheit als der übrige war. — Die *v. scapularis* entfernt sich nach ihrer Trennung von der Mediastina allmählich vom Aussenrande, wendet sich aber gegen das Ende hin diesem wieder zu und endet kurz vor der Flügelspitze. Das Schulterfeld nimmt an seiner breitesten Stelle mehr als ein Dritttheil der Flügelbreite ein. Die Hauptader selbst ist stark verzweigt, die Art der Theilung aber nicht an allen Exemplaren die gleiche, selbst nicht an den beiden Vorderflügeln desselben Thieres, wie Fig. 2 erkennen lässt. In dem rechten (in der Zeichnung linken) Vorderflügel folgen hier sieben einfachen schief nach hinten gerichteten Zweigen ein dreitheiliger, ein einfach gabelnder und zwei dreitheilige, der Hauptstamm selbst spaltet sich gegen das Ende hin durch zweimalige Gabelung in drei einfache Aeste; im linken Flügel hingegen zählt man nur fünf einfache und einen Gabelast, denen ein viertheiliger, zwei gabelnde, ein einfacher und ein dreitheiliger Ast folgen. In ähnlicher Weise verschieden ist die Verästelung der *v. scapularis* auch in Fig. 1. Die Zahl der Theilungspunkte der Hauptader ist in den drei Flügeln dieselbe, die der Aeste, welche den Aussenrand erreichen, nur wenig verschieden. — Auch die *v. externomedia* ist Anfangs mit der *v. mediastina* und eine kurze Strecke noch mit der *v. scapularis* verwachsen, spaltet sich dann sehr bald in zwei Aeste, deren äusserer nochmals gabelt und zwei z. Th. einfache, z. Th. wiederholt gabelnde Zweige zur Flügelspitze abgiebt, während der innere ohne weitere Theilung zur Spitze läuft. Das Externomedianfeld ist sehr schmal. — Die *v. internomedia* tritt an keinem unserer Exemplare deutlich hervor. Sie beginnt an der Flügelbasis in der Mitte zwischen Analis und Mediastina, folgt dann der Krümmung der ersteren und zertheilt sich sehr bald in zahlreiche Aeste, die alle an der Basis eine ähnliche Biegung haben, sich dann nach vorn wenden und parallel nach der Flügelspitze hin gerichtet sind, theilweise auch hinter der Flügelmitte gabeln. Die Art der Theilung der Hauptader ist an keinem der uns vorliegenden Stücke klar ersichtlich.

Von den **Hinterflügeln** zeigt Fig. 2 die Aussenränder und den Spitzentheil mit den Ausläufern zahlreicher Längsnerven. Ihre Länge ist die der Vorderflügel.

Einige unserer Exemplare besitzen noch Reste der **Hinterbeine**, deren Schenkel kräftig, von mittlerer Länge, deren Schienen schlank und länger, die Tarsen kürzer als jene sind. Die Schenkel tragen auf der Unterseite, die Schienen auch auf der Oberseite Reihen ziemlich langer Dornen; die der Ersteren sind nur an einem unserer Stücke, dem die Abbildung Fig. 6 entnommen ist, theilweise erhalten, dagegen besitzt die Münchener Sammlung mehrere mit vollständiger Bedornung der Hinterschenkel. —

GERMAR'S Type zu *Musca lithophila* ist ein undeutliches Exemplar der hier beschriebenen Art, wie sie in gleicher Erhaltung auch die hiesige Sammlung mehrfach besitzt und ist, worauf schon ASSMANN hingewiesen hat, ident mit HEER'S *Blattidium Bernddingianum*. Erstere ist ein Thier von nahezu den gleichen Körperdimensionen wie die Type zu unserer Fig. 1, mit grossem, querelliptischen Halsschild, lang-ovalen Vorderflügeln mit grossen, scharf abgesetzten Analfeldern, von GERMAR als Flügelschuppen gedeutet, und kurzen spitz dreieckigen Randfeldern, ihr mittlerer und äusserer Theil ist ganz verwischt. Der Hinterleib ist schlanker als an unserem Exemplare, weil die Seitenränder noch durch Gesteinsmasse verdeckt sind. Auch WEYENBERGH weist auf die Gegenwart grosser Flügelschuppen hin, doch ist von diesen in seiner Abbildung nichts zu sehen, ebensowenig von den Abdominalappendices, deren in der Beschreibung gedacht wird. Seine Abbildung lässt nur die allgemeinen Umrisse eines den unserigen ähnlichen Thieres erkennen. HEER'S Abbildungen seines *Blattidium Bernddingianum* scheinen auf den ersten Anblick wesentlich von den unseren abzuweichen, der Vorderrücken ist dort schmaler, der Hinterleib schlanker und das Analfeld weiter ausgedehnt, doch sind diese Unterschiede nur durch den Erhaltungszustand bedingt, wie mehrere der uns vorliegenden Stücke beweisen, die vor dem Wegpräpariren der deckenden Gesteinsmasse jenen ganz analoge Formen besassen. Die Verschiedenheit in der Grösse der Analfelder mag wohl durch unrichtige Darstellung hervorgerufen sein, was schon daraus hervorgeht, dass in dem einen Vorderflügel dieses Feld sich bis an den Aussenrand erstreckt und das Randfeld ganz fehlt, im anderen aber letzteres vorhanden ist; die *v. analis* ist bei HEER in ihrem Anfang mit der *v. mediastina* verschmolzen gezeichnet.

Von den Blattiden älterer Formationen unterscheidet sich *Mesoblattina lithophila* wesentlich durch das kurze und glatte Mediastinfeld und die Richtung der Zweige der *v. internomedia*, die bei jenen von der den Flügel mehr oder weniger der Länge nach durchlaufenden Hauptader Federfahnen-artig nach dem Innenrande abzweigen, während bei dieser der Hauptstamm der Krümmung der *v. analis* folgt und die Zweige sich nach der Flügelspitze hin erstrecken. Auch andere jurassische Arten besitzen diese Eigenthümlichkeit, wie *Blattina formosa* HEER*), *Rithma purbeccensis* und *Blatta elongata* GIEBEL**), *Mesoblattina protypa* E. GEIN.***) u. a.

---

*) O. HEER, die Liasinsel im Aargau. Zürich 1852. S. 15. Fig. 41.
O. HEER, die Urwelt der Schweiz. Zürich 1865. S. 83 und 1879. S. 93. Taf. VII. Fig. 1.

**) *Blattidae* in WESTWOOD, Quart. Journ. geol. Soc. X. 1854. p. 390. Pl. XVIII. Fig. 38 und p. 384. Pl. XV. Fig. 23. — GIEBEL, Fauna der Vorwelt. II, 1. 1856. S. 319 u. 322.

***) E. GEINITZ, Zeitschr. deutsch. geolog. Ges. XXXII. 1880. S. 519. Taf. XXII. Fig. 1.

Unter den bisher für **mesozoische** Schaben in Vorschlag gebrachten Gattungen, welche in neuester Zeit S. SCUDDER*) einer Revision und schärferen Begrenzung unterzogen hat, sind es namentlich *Rithma* GIEBEL und *Mesoblattina* E. GEINITZ, mit denen die hier beschriebene Art verglichen werden kann. Bei *Rithma* sind die Vorderflügel gerundet keilförmig, der Innenrand nähert sich dem äusseren gegen die Spitze hin schneller als in der basalen Hälfte; Mediastin- und Schulterfeld bilden zusammen ein breites, $^1/_3$ bis $^1/_2$ der Flügelbreite einnehmendes Randfeld, von welchem bei einzelnen Arten ein kurzes, glattes, eigentliches Randfeld abgesetzt ist; die Schulterader ist mässig gekrümmt und endet in oder dicht neben der Spitze; die Adern des grossen, gewölbten Analfeldes enden im Innenrande des Flügels; den verbleibenden Raum füllen die Zweige der beiden Mitteladern mit feinen Linien, die wie gebogene Fächerstrahlen verlaufen. Die Vorderflügel von *Mesoblattina* sind gestreckt oval; Mediastin- und Schulterfeld dem von *Rithma* analog gebildet, die Schulterader selbst ist flacher gekrümmt und läuft oft gerade zur Spitze; das Analfeld unterscheidet sich von jenem nur bei einigen Arten, bei denen die Adern in demselben z. Th. in dem Flügelrande, z. Th. in der Analader selbst enden (*M. protypa* E. GEIN.**), *M. angustata* HEER***)), während sich bei anderen (*M. Dobbertinensis* E. GEIN.†)) sämmtliche mit dem Flügelrande verbinden. Der wesentlichste Unterschied von *Rithma* liegt im Verlauf der beiden Mitteladern und deren Zweige, die Anfangs der Biegung der *v. analis* folgen, sich dann der Flügelspitze zuwenden und parallel nach vorn erstrecken. Vergleichen wir hiermit die Art des lithographischen Schiefers, so ist unverkennbar eine grosse Aehnlichkeit mit *Mesoblattina* vorhanden, namentlich in der Bildung des Mittelfeldes durch die der *v. analis* analoge Biegung der Basis der Mitteladern. Auch die wenigen Adern des Analfeldes, die an unseren Exemplaren erkennbar sind, haben einen den entsprechenden Adern von *Mesoblattina protypa* ähnlichen Verlauf. Die Form der Vorderflügel ist auch an unserer Art eine gestreckt-ovale. Von den von SCUDDER zu *Mesoblattina* gestellten Arten unterscheidet sie sich sowohl durch ihre bedeutende Grösse als auch durch die Einzelheiten im Geäder.

Um über die Stellung zu den **recenten** Schaben klar zu werden, fehlt uns leider das nöthige Material an lebenden Gattungen. Dass die nächsten Verwandten von *Mesoblattina* bei den *Blattidae spinosae* zu finden sein werden, geht schon aus der kräftigen Bedornung der Hinterschenkel hervor. Der breite, flache Körper, die kurzen Beine, die hornige Beschaffenheit des basalen Theiles der Vorderflügel erinnern an *Paratropes*, die Form des Halsschildes an diese wie an manche *Epilampra*-Arten. Auf die Aehnlichkeit im Geäder der Vorderflügel mit manchen *Blatta*-Arten hat schon E. **Geinitz** aufmerksam gemacht.

Blattina sp.

Ein kleines, nur 10 mm langes Thier mit 8,5 mm langen und 3 mm breiten Flügeldecken erinnert durch die starke Rundung der Aussenseite, die fast gerade Innenseite und das spitze Ende derselben sehr an einen Käfer. Das deutlich abgesetzte, grosse Analfeld, das kurze, sehr schmale Randfeld

*) S. SCUDDER, Proceed. Acad. of Nat. Sciences Philadelphia. 1885. p. 105.

**) Zeitschr. deutsch. geol. Ges. XXXII. 1880. S. 519. Taf. XXII. Fig. 1.

***) Vierteljahrsschr. naturforsch. Ges. Zürich. IX. 1864. S. 299. Fig. 6.

†) Zeitschr. deutsch. geol. Ges. XXXVI. 1884. S. 570. Taf. XIII. Fig. 1.

und die zahlreichen Ausläufer feiner Adern am Flügelrande lassen jedoch sicher eine *Blattina* erkennen, die sich von der vorhergehenden Art ausser durch geringe Grösse auch durch die Form der Vorderflügel gut unterscheidet. Der undeutliche Erhaltungszustand lässt eine weitere Beschreibung unzulässig erscheinen.

Fam. Acrididae.

Chresmoda Germar 1837.

Propygolampis Weyenbergh 1874.

Kopf kurz, Scheitel kegelförmig verlängert (?); Fühler ca. ⅓ so lang als der Körper, breit, schwertförmig, anscheinend aus zahlreichen, im mittleren Theile sehr kurzen Gliedern zusammengesetzt; **Pronotum** kurz, hinten in einen stumpfdreieckigen Fortsatz verlängert, oben flach, mit zwei parallelen Seitenkielen und einer feinen Querfurche in der Mitte; **Vorderflügel** länger als das Abdomen, schmal, nach der Spitze zu von innen nach aussen verschmälert, mit zahlreichen Längsnerven, ohne *vena intercalata*; **alle Beine lang**, das mittlere Paar am längsten, **alle Beine Schreitbeine**, die Hinterschenkel viel länger als der Hinterleib, an der Basis kaum verdickt; **Abdomen** mit zwei kurzen pfriemenförmigen Anhängen.

Chr. obscura Germ. Taf. I. Fig. 7—12.

1837. *Chresmoda obscura*. Germar, Nov. Act. Ac. C. Leop. XIX. S. 201. Taf. XXII. Fig. 4.
Pygolampis gigantea. Ib. S. 207. Taf. XXII. Fig. 6.

1856. *Chresmoda obscura* und *Pygolampis gigantea*. Giebel, Fauna der Vorwelt. II, 1. S. 311 u. 364.

1862. *Chresmoda obscura* und *Pygolampis gigantea*. Hagen, Paläontogr. X. S. 110, 111 u. 113.

1869. *Chresmoda obscura* und *Pygolampis gigantea*. Weyenbergh, Arch. Mus. Teyler. T. II. p. 250, 273. Pl. XXXV. Fig. 21.

1874. *Propygolampis Bronni*. Weyenbergh, Period. Zoolój. T. I. p. 84. Lam. III. Fig. 3.

1877. *Chresmoda obscura* = *Pygolampis gigantea*. Assmann, Amtl. Bericht 50. Vers. deutscher Naturforsch. München. S. 192.

1885. *Pygolampis gigantea* und *Propygolampis*. Scudder in Zittel, Handb. d. Paläont. I. Abth. II. Bd. S. 783. Fig. 996.

Häufige Art im lithographischen Schiefer, in der von Elterlein'schen Sammlung durch 16 Individuen vertreten, die sämmtlich die Bauch- oder die Rückenseite zeigen.

Körperlänge, von der Fühlerbasis bis zur Abdominalspitze gemessen, am kleinsten Individuum 29 mm, am grössten 35 mm. Maasse der einzelnen Körpertheile an einem Exemplare von der

Körperlänge =	32	mm:	Breite des Abdomen	7	mm
Länge der Fühler	12	„	Länge der Flügel	43,5	„
„ des Thorax	11	„	„ der Vorderbeine	68	„
„ des Pronotum	5	„	„ der Mittelbeine	89	„
„ des Abdomen	17,5	„	„ der Hinterbeine	77	„

Der **Kopf** ist sehr kurz. Ueber seine Form giebt keines unserer Stücke Aufschluss, da er an allen in Kalkspath umgewandelt ist.*) Die dicht an einander stehenden Fühler sind ein Drittel so lang

---

*) Nach Weyenbergh, l. c. p. 273, ist der Scheitel nach vorn spitz dreieckig verlängert und trägt seitlich die Augen. An unseren Exemplaren ist eine derartige Kopfbildung nicht wahrzunehmen.

als der Körper, säbelförmig, von der Basis bis zur Mitte breit, nehmen dann allmählich an Breite ab und biegen sich an der Spitze nach aussen. Die Form und Grösse ihrer Glieder ist ganz unsicher. Nach Fig. 12, den Abdruck der Unterseite eines Fühlerpaares darstellend, sind dieselben im mittleren Theile durch feine Querrunzeln in kurze, fast doppelt so breite als lange Abschnitte getheilt, die den Fühlergliedern zu entsprechen scheinen. Sehr deutlich tritt hier jedoch eine feine Behaarung der Unterseite hervor, die nur die Fühlerspitze freilässt.

Der auffallend kurze **Vorderrücken** setzt sich zusammen aus einem ebenen, nach hinten in einen stumpfdreieckigen Fortsatz verlängerten Mittelstück, welches durch eine feine Querfurche in der Mitte getheilt wird, aber keinen Längskiel trägt, und aus zwei kürzeren Seitentheilen, die von jenem durch parallele Seitenkiele getrennt werden. Mittel- und Hinterbrust haben zusammen die doppelte Länge des Prothorax.

Der **Hinterleib** ist fast drei Mal so lang als breit, nach dem gerundeten Afterende nur wenig verschmälert. Von den 9 sichtbaren Segmenten ist das erste das längste, das achte das kürzeste, die übrigen von gleicher Länge; alle scheinen glatt zu sein. An einem Exemplare (Fig. 10) trägt das Endsegment zwei undeutliche, anscheinend pfriemenförmige, ungegliederte Anhänge von ca. 3 mm Länge.

Die langen, schmalen **Flügel** ragen weit über die Hinterleibsspitze hinaus. Vom Geäder treten gewöhnlich nur zwei starke Längsadern hervor, die von den Schulterwinkeln des Pronotums ausgehend sich nach der Flügelspitze hin erstrecken und den Schulteradern der Vorderflügel entsprechen. Meist liegen die Flügel in der Ruhelage übereinander, nur an einem Individuum ist ein Vorderflügel entfaltet. Dieser (Fig. 9) ist bis auf eine Länge von 36 mm erhalten, die Spitze ist nicht zum Abdruck gelangt. Die Breite beträgt an der Basis 6,5 mm. Der Aussenrand biegt sich hinter der Mitte flach ein, der convexe Innenrand nähert sich gegen die Spitze hin allmählich dem Aussenrande. Unter den Flügeladern tritt zunächst die starke, unverzweigte Schulterader (s) hervor, die am Flügelgrunde nahe der Mitte entspringt, sich Anfangs flach nach aussen krümmt, dann gerade nach vorn erstreckt und im letzten Viertheil des Flügels den Aussenrand zu bilden scheint. Zwischen dieser und dem Rande wird, dem Letzteren sehr nahe, eine feine Längsader (m) sichtbar, die bis in die Gegend der Flügelmitte reicht; diese würde der *v. mediastina* entsprechen. Der Schulterader folgt nach Innen die *v. externomedia* in zwei Aderstämmen, deren äusserer (e') erst gegen die Flügelmitte deutlicher wird und, mehrfach durch ein quer über den Flügel liegendes Bein unterbrochen, der Schulterader parallel läuft. Er löst sich in drei Zweige auf, die der Längsrichtung des Flügels folgen, der innerste Zweig geht nach der Flügelspitze hin. Der innere Stamm (e'') beginnt in der Mitte der Flügelbasis und wendet sich unter flach convexer Krümmung nach aussen der Flügelspitze zu. In der Mitte beträgt seine Entfernung vom Innenrande das Doppelte der vom Aussenrande, weiterhin läuft er längs der Flügelmitte, ein breites bandartiges Feld trennt ihn vom zunächstliegenden Zweige des äusseren Hauptstammes e'. 7 mm von der Basis zweigt unter sehr spitzem Winkel der erste Seitenast ab, dem in gleichen Abständen zwei weitere folgen, die alle den Flügel der Länge nach durchziehen. Der noch verbleibende Raum wird von mehreren Längsadern ausgefüllt, die mehrfach unterbrochen and ohne Zusammenhang, aber alle parallel nach vorn gerichtet sind. Sie müssen zur *v. internomedia* und *analis* gehören. Die äusserste dieser Längsadern ist einfach. Eine *v. intercalata* fehlt, ebenso wie Spuren feineren Netzwerks oder von Queradern.

Alle **Beinpaare** zeichnen sich durch ihre Länge und Schlankheit aus; das vordere Paar ist das kürzeste, die beiden hinteren sind nur wenig an Länge verschieden. An einem Exemplare von 32 mm Körperlänge messen die

	Vorder-	Mittel-	Hinter-
Schenkel	30	34	33 mm
Schienen und Tarsen zusammen	37	50	60 „

Sämmtliche Beine sind Schreitbeine mit schlanken, an der Basis kaum verdickten Schenkeln und langen, dünnen Schienen und Tarsen; die Spitze der Schenkel ist leicht verdickt. Schienen und Tarsen bilden immer ein Ganzes, da die Spitze der ersteren niemals deutlich abgesetzt ist, nach dem Ende zu werden sie allmählich dünner und laufen die Tarsen in eine feine Spitze aus. Die Schenkel tragen auf der Unterseite zwei Reihen kurzer Dornen (Fig. 11), die Schienen erscheinen glatt. Alle Beinpaare stehen dicht beisammen, da die Abtheilungen des Thorax kurz sind. —

Die systematische Stellung von *Chresmoda obscura* ist von den Autoren, die sich mit den Insecten des lithographischen Schiefers eingehender beschäftigt haben, mehrfach erörtert worden und gehen die Ansichten über die Natur dieses Thieres zum Theil weit auseinander. GERMAR zunächst beschrieb es als zwei verschiedene Arten und stellte es als *Pygolampis gigantea* zu den Hemipteren, als *Chresmoda obscura* zu den Orthopteren. GIEBEL schliesst sich im Allgemeinen dieser Ansicht an, lässt es aber zweifelhaft, ob die Stellung der ersteren Art im System die richtige sei. HAGEN hingegen hält diese für richtig bestimmt, vereinigt aber *Chresmoda obscura* mit *Locusta prisca* Germ. WEYENBERGH'S Deutung stimmt mit der GERMAR'S überein. ASSMANN endlich erklärt beide für e i n e Art, die zu den Orthopteren zu stellen sei. Nach Vergleich der beiden Typen GERMAR'S in der K. Staatssammlung zu München müssen wir uns der letzteren Ansicht anschliessen; die Prüfung derselben ergab, dass GERMAR'S Darstellung von *Pygolampis gigantea* im Allgemeinen zutreffend ist, die Type selbst entspricht unseren Exemplaren, ist aber zu wenig deutlich, um Details erkennen zu lassen. *Chresmoda obscura* ist nur ein unvollständiges Exemplar derselben Art, welches sich durch Form und Bau des Hinterleibes mit seinen Appendices und der Beine und durch Grösse und Form der Flügel eng an die unseren anschliesst. Die nach GERMAR'S Darstellung vorhandenen Unterschiede sind in der That nicht da, die Type ist nur durch künstliche Bemalung in den Zustand versetzt, welchem die Abbildung entspricht. Kopf und Thorax sind nicht zu erkennen, das was GERMAR für den Rest eines langen Halsschildes erklärt, ist theils künstlich ergänzt, theils ist es der Schenkel eines Mittelbeines, dessen Schiene nach vorn in der Verlängerung des Körpers liegt. Richtig gezeichnet sind im Wesentlichen der Hinterleib und dessen Appendices, sowie der Flügel, falsch dagegen die Hinterschenkel, die viel zu breit sind; ihrer wirklichen Breite entspricht der in GERMAR'S Abbildung durch Schattirung rippenartig hervorgehobene mittlere Theil.

Aus dem mangelhaften Erhaltungszustande des Originals zu *Pygolampis gigantea* erklärt sich leicht, warum GERMAR diese Art den Hemipteren einreiht, da eine gewisse Aehnlichkeit im Habitus mit *Pygolampis* nicht zu verkennen ist. Einer derartigen Vereinigung widersprechen aber sowohl der Bau der Fühler, als auch das Flügelgeäder. GERMAR ging von der Voraussetzung aus, dass der an der Type sichtbare Theil der ersteren nur dem Basalglied entspräche, unter welches die übrigen haarfeinen Glieder eingeschlagen seien. WEYENBERGH glaubt letztere selbst zu sehen und sollen nach ihm die Fühler eine Länge von ungefähr 4 cm erreicht haben. Diese Annahme haben aber weder die Exemplare unserer, noch die z. Th.

vorzüglichen der Münchener Sammlung bestätigt, da an keinem eine andere Fühlerform zu entdecken war, als die in unseren Abbildungen angegebene. Einer Verwandtschaft mit den Hemipteren widerspricht ferner die Anordnung der Hauptadern in den Vorderflügeln, die nur mit der der Orthopteren verglichen werden kann. Germar war bereits der Ansicht, dass seine *Chresmoda obscura* ein Orthopteron sei und zur Familie der Mantiden gehöre. Die Gründe, auf welche sich GERMAR hierbei stützt, — Länge des Halsschilds, die platte Form, Gestalt und Länge der Flügel und Form der Hinterleibsanhänge — können bei näherer Prüfung nicht mehr als beweisend angesehen werden, da einestheils das Halsschild sehr kurz ist, anderentheils die platte Form durch Druck erzeugt sein kann, und ähnliche Flügel auch bei anderen Orthopteren-Familien vorkommen; die Gestalt der Hinterleibsanhänge erinnert zwar sehr an die der Mantiden, doch sind sie weder an GERMAR'S Type, noch an unserem Individuum deutlich genug, um bei einer systematischen Bestimmung mit Vortheil verwandt werden zu können. Die für die Mantiden charakteristische Ausbildung der Vorderbeine zu Raubbeinen besitzt *Chresmoda* sicher nicht.

Wenn *Chresmoda* hier zu den Acrididen gestellt worden ist, so ist als maassgebend betrachtet worden Grösse und Gestalt der Fühler, des Vorderrückens, Ausbildung sämmtlicher Beine zu Schreitbeinen und das Flügelgeäder, welches durch Auftreten der *vena externomedia* in zwei von der Basis an getrennten Hauptstämmen eher an das der Acrididen als einer anderen Familie der Orthopteren erinnert. Abweichend von allen uns bekannten recenten Gattungen derselben ist die grosse Länge der Beine, die namentlich in dem Verhältniss der vorderen Paare zu dem hinteren zum Ausdruck kommt. Während bei jenen das erste und zweite Paar relativ kurz, das dritte lang ist, sind hier alle Paare sehr lang und unter sich nur wenig verschieden. Dies scheint uns schon genügend, um die Aufstellung einer besonderen Gattung zu rechtfertigen, auf welche wir den von GERMAR theilweise dafür gebrauchten Namen *Chresmoda* übertragen haben.

Vergleichen wir *Chresmoda* mit den einzelnen Abtheilungen der Acrididen, so möchten wir zunächst an eine Verwandtschaft mit den Truxaliden denken, da bei diesen viele der die fossile Gattung charakterisirenden Kennzeichen wiederkehren, so u. a. bei *Acrida* die säbelförmigen breiten Fühler, das kurze, auf dem Rücken glatte oder nur schwach gekielte Pronotum, die langen, schmalen Vorderflügel mit zahlreichen Längsadern, die an der Basis kaum verdickten Hinterschenkel; dagegen fehlt *Chresmoda* die kegelförmige Verlängerung des Kopfgipfels, die jener Gattung einen so charakteristischen Habitus verleiht. Um einen sicheren Aufschluss über das Verhältniss von *Chresmoda* zu den recenten Acrididen zu erlangen, reicht das uns zugängliche Material nicht aus.

Die von WEYENBERGH in den Periódico Zoológico. T. I. Buenos-Aires 1874 abgebildete und beschriebene *Propygolampis Bronni* ist allem Anschein nach nur ein verkehrt gezeichnetes Exemplar von *Chresmoda obscura*, an welchem der Hinterleib fehlt und die Antennen von WEYENBERGH als Abdominal-appendices gedeutet worden sind.

An *Chresmoda* erinnern mehrere von WESTWOOD*) aus dem Purbeck von Durdlestone Bai, Dorset, beschriebene Flügel und scheinen uns diese, wenn nicht zu jener Gattung selbst, so doch zu einer nahe verwandten zu gehören. Hierher rechnen wir *Gryllidium Oweni* Westw. Pl. XVII. Fig. 19 und

*) Quart. Journ. X. 1854. p. 395, 396.

Blattidium Symyrus Westw. Pl. XVII. Fig. 33. Ob namentlich letztere zu den Blattiden gehört, wohin sie auch neuerdings wieder SCUDDER*) stellt, ist bei den grossen Abweichungen ihres Geäders von dem der normalen Blattidenflügel sehr zweifelhaft.

Fam. Locustidae.

Elcana GIEBEL 1856.

Kopf klein, Scheitel gerundet, Stirn senkrecht, Antennen viel länger als die Flügel; Rücken des **Halsschilds** eben, Humeralsinus breit gerundet, Seitenlappen schmal, hinten gerundet, nach vorn schief verschmälert; **Vorderflügel** lang, weit über die Spitze der Hinterschenkel hinausragend, schmal, kurz vor der Spitze am breitesten, Aussen- und Innenrand flach concav gebuchtet, Spitze elliptisch; *vena mediastina* nahe der Flügelmitte endend, *area mediastina* ausgezeichnet durch zwei, jener parallele, kurze Längsadern, die wie die Mediastina mit dem Rande durch schiefe Seitenadern verbunden sind; *v. scapularis* dem Aussenrande nahe und fast parallel verlaufend, kurz vor der Flügelspitze endend, zum Rande zahlreiche schiefe Aeste abgebend; *v. externomedia* in der Mitte der Flügelbasis als selbstständige Ader entspringend oder eine kurze Strecke (bis zu 1/5 der Flügellänge) mit der Schulterader verwachsen, letzterer im Allgemeinen parallel zur Flügelspitze laufend, vor dem Ende zum Aussenrande mehrere kurze, zum Innenrande zahlreiche, gedrängte, sich schief nach vorn erstreckende Seitenäste entsendend; *v. internomedia* gegen die Mitte des Innenrandes gerichtet; Hauptadern und deren Zweige durch kurze, rechteckige Zellen bildende Queradern verbunden; Schulterfeld dunkel gefärbt, Mitte und Spitze der Flügel schwarz gefleckt oder gebändert; **Hinterflügel** kürzer als die Vorderflügel; vordere **Beine** kurz, mässig kräftig, Hinterschenkel stark keulenförmig, länger als der Hinterleib, nicht bedornt, Schienen schlank, ohne Dornen, vor der Spitze auf der Oberseite mit zwei blattartigen Anhängen besetzt; **Legescheide** schlank, lang, flach säbelförmig gekrümmt.

E. amanda HAGEN sp. Taf. II. Fig. 4, 5.

1862. *Locusta ? amanda.* HAGEN, Palaeontogr. X. S. 144. Taf. XV. Fig. 4.
1885. *Locusta amanda.* SCUDDER in ZITTEL, Handb. d. Palaeont. 1. Abth. II. Bd. S. 768. Fig. 968.

Diese kleine, durch die blattartigen Ansätze an den Hinterschienen ausgezeichnete Heuschrecke ist in der Dresdener Sammlung durch ein vollständiges Exemplar und durch einen Vorderflügel vertreten. Das Thier liegt auf der linken Seite und ist im Stein selbst erhalten.

Das in Fig. 4 dargestellte Thier ist ein Weibchen und misst vom Kopf bis zur Flügelspitze 37 mm, ist also um die Hälfte grösser als das von HAGEN abgebildete; im gleichen Verhältnisse sind auch die einzelnen Körpertheile grösser.

Der **Kopf** ist klein, etwa 1,5 mm lang, der Scheitel gerundet, die Stirn senkrecht. Die Fühler, welche an HAGEN'S Exemplare weit länger als die Flügel sind, erreichen hier die Spitze derselben noch nicht und mag der fehlende Spitzentheil entweder abgebrochen oder im Gestein verborgen sein.

---

*) Proceed. Ac. of Nat. Sciences Philadelphia. 1885. p. 112.

Das oben glatte **Halsschild** hat eine Länge von 5 mm, die Seitenlappen von 3,5 mm. Letztere sind länger als hoch, an der gerundeten Hinterecke 3 mm breit und verschmälern sich nach vorn um die Hälfte. Die gerundete Schulterbucht tritt deutlich hervor.

Der 10 mm lange **Hinterleib** mit 7 deutlich getrennten Segmenten trägt eine schlanke, nur wenig gebogene, säbelförmige Legescheide von 12 mm Länge.

Die kurzen und schlanken vorderen **Beine** haben anscheinend kantige Schenkel und Schienen. Der kräftige keulenförmige Hinterschenkel ist 13 mm lang, ragt also um ein ansehnliches Stück über die Abdominalspitze hinaus, an der Basis 3 mm, an der Spitze noch reichlich 0,5 mm breit und trägt auf der Unterseite anscheinend keine Dornen. Die schlanke, unbedornte Schiene hat die gleiche Länge und eine Breite von ca. 0,5 mm. Kurz vor der Spitze sind auf der Oberseite dicht hinter einander zwei 4 mm lange und wenig über 1 mm breite blattartige, spitze, längs ihrer Mitte deutlich gerippte Anhänge befestigt. HAGEN giebt an seiner Type nur e i n derartiges Blatt an, die von ihm hinter demselben beobachtete feine Linie fassen wir als den Rest der Mittelrippe des zweiten auf. Auch scheint uns der von HAGEN als zweilappiges Grundglied der Tarsen gedeutete Theil noch zur Schiene zu gehören, da ohne denselben die eine Schiene viel kürzer als die andere sein würde. Tarsenglieder lassen sich an unserem Exemplare nicht unterscheiden, in HAGEN'S Abbildung erkennt man, abgesehen von jenem problematischen Grundgliede, noch vier walzenförmige Glieder, deren letztes zwei Klauen trägt.

Die **Vorderflügel** entsprechen HAGEN'S Abbildung vollständig, der Aussenrand ist leicht eingebogen, die Spitze erweitert, elliptisch, der Innenrand unvollständig, weil das Analfeld umgeschlagen ist. Die Länge beträgt 30 mm, die grösste Breite 7 mm. Die Adern des rechten Vorderflügels treten scharf hervor. Die *vena mediastina* (m) läuft in einer Entfernung von 1,5 mm neben dem Rande und biegt sich in der Flügelmitte nach demselben um. Vor dem Ende sendet sie 4 schief nach vorn gerichtete Seitenadern zum Rande hin. Zwischen dieser Ader und dem Rande laufen noch zwei kürzere, der ersteren parallele (a). Die dem Rande zunächst liegende endet im ersten Viertheil der Flügellänge und ist mit dem Aussenrande durch gedrängte schiefe Seitenadern verbunden, deren hier mindestens 7 zu erkennen sind, die zweite giebt nur vor dem Ende noch einen Seitenast ab. Die *v. scapularis* (s) beginnt in der Mitte der Flügelbasis dicht neben der Mediastina, geht Anfangs dem Aussenrande parallel, von der Flügelmitte an nähert sie sich demselben unter flacher Krümmung nach aussen und endet kurz vor der Flügelspitze. Ihre zahlreichen, dicht gedrängten Seitenäste sind nach vorn gerichtet. An HAGEN'S Type fehlen diese Seitenadern, dagegen ist das Feld zwischen der Schulterader und dem Rande dunkel gefärbt. Die *v. externomedia* (e) ist Anfangs mit der Scapularis verwachsen, zweigt dann im ersten Fünftheil der Länge von derselben ab und läuft dicht neben ihr hin zur Flügelspitze, vorher durch Gabelung mehrere kurze Seitenadern nach aussen entsendend. Nach dem Innenrande des Flügels zweigt von der Hauptader eine grosse Zahl langer, paralleler Seitenäste (e') ab, die die innere Flügelhälfte schräg nach vorn durchziehen und mit den Zweigen der Schulter- und Mediastinader dem Flügel ein Federfahnen-artig gestreiftes Ansehen geben. Der erste dieser Aeste trennt sich von der Hauptader dicht hinter der Stelle, wo diese sich von der Schulterader abwendet, und endet im Innenrande im zweiten Drittel der Länge. Diesem folgen noch weitere 11 gleichgerichtete Aeste. Alle diese sind ebenso wie die *v. externomedia* und die *v. scapularis* unter sich durch kurze, meist rechtwinkelige Queradern verbunden, die zum Theil länglich rechteckige Zellen bilden. Die *c. internomedia* und der von ihr abgegrenzte Flügeltheil sind weder an unserem, noch an HAGEN'S Exemplare sichtbar.

Die **Hinterflügel** sind nach HAGEN kürzer als die Vorderflügel. —

Dass unser Thier mit *Locusta (?) amanda* Hag. ident ist, glauben wir sicher annehmen zu dürfen, da weder die geringen Abweichungen in den Anhängen der Hinterschienen und die Gegenwart von Seitenzweigen der Schulterader, welche durch den Erhaltungszustand hervorgerufen sein können, noch die wenig grössere Zahl der Aeste der äusseren Mittelader die Aufstellung einer besonderen Art ebensowenig rechtfertigen würden als die Grössendifferenz allein.

Ein Vergleich der Art des lithographischen Schiefers mit denen anderer Fundorte ergiebt, dass sowohl aus dem Lias und Purbeck Englands, als auch aus dem Lias von Mecklenburg nahe verwandte Formen bekannt sind. Auf die grosse Aehnlichkeit mehrerer der von BRODIE*) und WESTWOOD**) aus den ersteren Schichten beschriebenen Flügel mit denen seiner *Locusta amanda* hat bereits HAGEN***) hingewiesen und gezeigt, dass diese bisher zu den Neuropteren gerechneten Flügel zu den Locustiden zu stellen sind. Namentlich bezieht sich dies auf die von WESTWOOD als *Panorpidium tessellatum* †) bezeichnete Form, für welche GIEBEL††) eine besondere Gattung *Elcana* aufstellt. Die Vorderflügel beider Arten (vergl. unsere Taf. II. Fig. 5 und 6) stimmen in den für die Gattung charakteristischen Merkmalen überein, in der Form der Flügel, in der Bildung des durch zwei Längsadern (a) ausgezeichneten Mediastinfeldes (die v. mediastina m ist bei WESTWOOD mit der v. scapularis zum grössten Theil verwachsen und trennt sich von ihr erst kurz vor ihrem Ende), im Verlauf und in der Verzweigung der Schulter- und äusseren Mittelader, die wie ihre Zweige unter sich durch Queradern verbunden sind. Auf die Färbung (dunkele Flecke und Binden) legen wir weniger Werth, weil deren Erhaltung von zu vielen Zufälligkeiten abhängig ist; so zeigt z. B. unser Exemplar von *Elcana amanda* nicht die von HAGEN beobachtete dunkle Färbung des Schulterfeldes, welche dessen Type mit *Elcana tessellata* gemeinsam hat. Eine Identität beider Arten, die HAGEN anzunehmen geneigt scheint, halten wir für ausgeschlossen, da sich beider Flügel in Form und Geäder von einander unterscheiden. Bei *Elcana amanda* ist der Aussenrand tiefer gebuchtet, die stärkste Einbiegung liegt vor der Mitte, bei *E. tessellata* in der Mitte; bei letzterer ist die Flügelspitze breit gerundet, der Flügel kurz vor derselben am breitesten, bei ersterer spitz gerundet, die grösste Breite liegt weiter zurück. Die v. mediastina tritt bei *E. amanda* von der Basis an als selbstständige Ader auf und läuft nach der Mitte des Randes, bei *E. tessellata* ist sie zum grössten Theil mit der Schulterader verwachsen und reicht über die Mitte hinaus. Bei jener trennen sich Schulter- und äussere Mittelader in grösserem Abstande von der Basis, laufen dann dichter neben einander und die ersten Zweige der Externomedia sind länger und schiefer nach hinten gerichtet als bei dieser.

Ausser *E. tessellata* lassen sich noch folgende von BRODIE und WESTWOOD abgebildete Formen mit unserer Art vergleichen: BRODIE, Pl. V. Fig. 21, von GIEBEL als *Bittacus dubius* unrichtig gedeutet;

---

*) History of fossil Insects. 1845.

**) Quarterly Journal. X. 1854.

***) Palaeontogr. X. 1862. p. 104, 145.

†) a. a. O. p. 394. Pl. XV. Fig. 17.

††) Fauna der Vorwelt. II, 1. 1856. S. 268.

Pl. X. Fig. 14, von GIEBEL als *Rapha liasina* zu einer neuen Ephemeren-Gattung erhoben, im Verlauf der Hauptadern *Elcana* sehr ähnlich, die davon abweichende dreieckige Gestalt der Spitzenhälfte des Flügels vielleicht nur eine Folge unvollständiger Erhaltung oder ungenauer Darstellung; Pl. VIII. Fig. 11, schon von GIEBEL auf *Elcana Beyrichi* bezogen; WESTWOOD, Pl. XVII. Fig. 12, GIEBEL'S *Elcana Beyrichi*, weicht, wenn WESTWOOD'S Abbildung richtig ist, von *E. tessellata* durch Mangel der Längsadern im Mediastinfelde und das Geäder im Anal- und Internomedian-Felde ab; Pl. XVIII. Fig. 37, von WESTWOOD mit *Sialium Sipylus* vereinigt, aber schon von GIEBEL als generisch verschieden von dieser Art (seiner *Abia Sipylus*) bezeichnet.

Eine dritte typische *Elcana*-Art hat E. GEINITZ*) aus dem Lias von Dobbertin in Mecklenburg unter dem Namen *E.* (*Clathrotermes*) *Geinitzi* Heer beschrieben. Durch die Kleinheit der Flügel, die Kürze des Mediastinfeldes, welches noch vor der Flügelmitte endet, die beiden sehr kurzen Nebenadern desselben, die geringe Zahl der inneren Zweige der Externomedian-Ader, welche von der Schulterader noch weiter entfernt verläuft als bei der englischen Art, und durch die relativ breiteren Flügel unterscheidet sie sich leicht von *E. amanda* (vergl. unsere Tafel II. Fig. 7**).

Die Frage, zu welcher Familie der jetztlebenden Insecten die Gattung *Elcana*, als deren typische Formen wir *E. tessellata*, *amanda* und *Geinitzi* betrachten, gehöre, hat in verschiedener Weise Beantwortung gefunden. WESTWOOD stellt die erstgenannte Art zu den Neuropteren und zwar an einer Stelle seiner Abhandlung (a. a. O. p. 384) zu den Sialiden („apparently allied to *Corydalis*"), an einer anderen (Tafelerklärung a. a. O. p. 394) zu den Panorpiden als *Panorpidium tessellatum*. Letzterer Abtheilung rechnet sie auch GIEBEL zu und betrachtet sie, wie schon bemerkt, als Vertreter einer neuen Gattung der Panorpiden, die er mit dem Namen *Elcana* belegt. — HAGEN, durch die gute Erhaltung seiner *Locusta amanda* in den Stand gesetzt, ein fast vollständiges Thier untersuchen zu können, führt den Nachweis, dass seine und WESTWOOD'S Art generisch nicht verschieden sind, dass die bisherige, auf isolirte Flügel sich stützende Einordnung bei den Neuropteren irrig ist und beide (und damit GIEBEL'S *Elcana*) zu den Locustiden gehören. — HEER, welchem durch E. GEINITZ ein Flügel der Mecklenburger Art zur Bestimmung übersandt wurde, vereinigt sie mit seiner Termitengattung *Clathrotermes* und äussert sich darüber***): „Sie ist derselben (nämlich *Clathrotermes signatus*) sehr ähnlich; ihr Flügel hat dieselbe Grösse und Form und das Randfeld ist auch in Zellen abgetheilt, aber die Queradern bilden einen viel spitzeren Winkel, sonst ist der Verlauf der Adern ein sehr ähnlicher, wie bei der Art aus dem untersten Lias der Schambelen (Ct. Aargau). Der Flügel zeigt auch dunkle Flecken." Vergleicht man den Flügel von *Clathrotermes signatus* HEER (unsere Taf. II. Fig. 8†), mit dem von *Elcana Geinitzi* HEER (unsere Taf. II. Fig. 7), so ist allerdings eine gewisse äusserliche Aehnlichkeit nicht zu verkennen, bei einem Vergleiche des Geäders aber treten so wesentliche Unterschiede hervor, dass uns die Vereinigung der Dobbertiner Art und damit eine Verschmelzung der GIEBEL'schen *Elcana* mit jener Termiten-

*) Zeitschr. deutsch. geol. Ges. XXXII. 1880. S. 523. Taf. XXII. Fig. 7—10; daselbst XXXVI. 1884. S. 577. Taf. XIII. Fig. 13—23.

**) Kopie nach E. GEINITZ in Zeitschr. deutsch. geol. Ges. 1884. Taf. XIII. Fig. 23.

***) Zeitschr. deutsch. geol. Ges. XXXII. 1880. S. 523.

†) Kopie nach O. HEER, Urwelt der Schweiz. 1879. Taf. VII. Fig. 8.

gattung nicht zulässig erscheint. Zunächst fehlt *Clathrotermes* das die typischen *Eleana*-Arten charakterisirende Mediastinfeld mit seinen beiden Nebenadern; die die Scapularis mit dem Rande verbindenden Seitenadern treten bei *Eleana* als Zweige jener Hauptader auf, die schief nach vorn gerichtet sind, bei *Clathrotermes* nur als zarte Queradern, die das Randfeld in fast regelmässige, viereckige, z. Th. rechteckige Zellen theilen; im Flügel der letzteren Gattung sind die Zellen zwischen den Hauptadern analog denen im Randfelde, in dem der ersteren treten die verbindenden Queradern in viel unregelmässigeren Abständen auf; die zweite Hauptader im *Clathrotermes*-Flügel endet vor der Spitze im Aussenrande, bei den drei typischen *Eleana*-Arten in der Spitze selbst; die Zahl der nach innen gehenden Aeste dieser Hauptader ist bei jener viel geringer als bei dieser, auch fehlen dort die verbindenden Queradern. Hiernach müssen wir *Clathrotermes* HEER und *Eleana* GIEBEL als zwei selbstständige Gattungen betrachten und erstere im HEER'schen Sinne als Termitengattung zu den Neuropteren, letztere als Locustide zu den Orthopteren stellen.

Wegen der nahen Verwandtschaft der Dobbertiner Art mit der englischen giebt E. GEINITZ zwar aus Prioritätsgründen GIEBEL'S Gattungsnamen *Eleana* den Vorzug vor HEER'S *Clathrotermes*, lässt es aber unentschieden, „ob letztere Gattung gänzlich mit *Eleana* zu vereinigen sei, oder als selbstständige Termitengattung bestehen kann, ob ferner *Eleana* als eine Termitengattung anzusehen ist, oder nach GIEBEL zu den Panorpiden zu stellen ist.“ Die Resultate der Untersuchung HAGEN'S scheinen E. GEINITZ demnach entgangen zu sein.

Unter den lebenden Locustiden ist uns keine bekannt, welche mit ähnlichen blattartigen Anhängen an der Spitze der Schienen versehen wäre wie *Eleana*. Zwar giebt es recente Gattungen, deren Schienendornen blattartig erweitert, breit, seitlich zusammengedrückt sind, die Form derselben ist aber dann eine ganz andere, die Dornen haben keine Mittelrippe und stehen längs der ganzen Schienenoberkante in ziemlich weiten und regelmässigen Abständen vertheilt. Auch das Geäder der Vorderflügel bietet durch die Bildung des Mediastinfeldes und die grosse Zahl der nach dem Innenrande gehenden parallelen Zweige der Externomedia eine abweichende Erscheinung.

Fassen wir die Resultate der bisherigen Untersuchungen über die *Eleana*-Arten zusammen, so ergiebt sich, dass *Eleana* GIEBEL nicht, wie WESTWOOD und GIEBEL annehmen, zu den Panorpiden, noch nach HEER'S Ansicht zu den Termiten, sondern, wie HAGEN bewiesen hat, zu den Locustiden gehört, als welche sie sich durch die langen, dünnen Fühler, die Legeröhre des Weibchens, die kräftigen Springbeine und viergliederige Tarsen deutlich kennzeichnet. Von den lebenden Gattungen unterscheidet sie sich sowohl im Geäder, als durch die blattartigen Anhänge der Hinterschienen. Typische Arten sind bisher aus dem Lias von Dobbertin in Mecklenburg, dem lithographischen Schiefer Bayerns und dem Purbeck von Durdlestone Bai in Dorset, England, bekannt.

Phaneroptera Serv.

Ph. Germari Mstr. Taf. II. Fig. 11.

1842. *Phaneroptera Germari.* MUENSTER, Beiträge zur Petrefactenkunde. 5. Heft. S. 81. Taf. IX. Fig. 2; Taf. XIII. Fig. 7.
1856. *Phaneroptera Germari.* GIEBEL, Fauna der Vorwelt. II, 1. S. 303.
1862. *Phaneroptera Germari.* HAGEN. Paläont. X. S. 111 und 113.
1877. *Phaneroptera Germari.* ASSMANN. Amtl. Bericht 50. Vers. deutscher Naturforsch. München. S. 192.

Das einzige Exemplar, welches die Dresdener Sammlung besitzt, ein Männchen, liegt auf der linken Seite, halb auf den Rücken gewendet, so dass die Unterseite theilweise sichtbar wird. Die Zeichnung stellt den Abdruck dar.

Gesammtlänge bis zur Flügelspitze . . .	42 mm	Länge der Hinterflügel			32 mm
Körperlänge	30 „	„ des Vorder-			6 „
Länge des Kopfes	3 „	„ „ Mittel-	Schenkels		7 „
„ „ Thorax	10 „	„ „ Hinter-			21 „
„ „ Hinterleibs	16 „	„ der Vorder-			6,5 „
„ „ Vorderflügels	26 „	„ „ Mittel-	Schiene		7,5 „
Breite des Vorderflügels	4 „	„ „ Hinter-			22 „

Vom Körper sind nur die Umgrenzungen erhalten.

Der **Kopf** ist von mässiger Grösse, Stirn und Scheitel stossen fast rechtwinkelig zusammen. Von den Fühlern ist nur noch ein 10 mm langes Fragment erhalten.

Der **Thorax** ist zum Theil zerdrückt, da die Wurzeln der beiden Vorderbeine der rechten Seite weiter auseinandergeschoben sind als die der linken. Ein Eindruck in der Form einer 3 vor der Basis der Hinterschenkel deutet das gelappte Metasternum, ein ähnlicher schwächerer an der der Mittelschenkel das Metasternum an.

Das lange, ca 3,5 mm breite **Abdomen** trägt an der Spitze Spuren zweier Anhänge.

Die **Flügel** liegen über einander. Die Vorderflügel sind kürzer als die Hinterflügel, schmal, gleichbreit, an der Spitze gerundet. Aehnliche Form und Breite hat auch das darüber hinausragende Ende der Hinterflügel. Da die Adern mehrerer Flügel zu gleicher Zeit sichtbar werden, ist das Geäder der einzelnen nicht zu entziffern. Mehrere die Vorderflügel schief durchschneidende Hauptadern treten schärfer hervor, kurze, schief nach vorn gerichtete Adern gehen von diesen zum Aussenrande, zahlreichere längere zur Spitze und dem Innenrande.

Die vorderen **Beinpaare** sind kurz, unter sich an Länge nur wenig verschieden, ihre Schenkel und Schienen schmal, parallelseitig. Die langen, bis zur Spitze der Deckflügel reichenden Hinterschenkel sind an der Basis mässig verdickt, von der Mitte an schlank, die dünnen Schienen nur wenig länger, die Tarsen ca. 5 mm lang. Dornen werden weder an den Schenkeln, noch an den Schienen sichtbar. —

Die Grössenverhältnisse des von MUENSTER abgebildeten Exemplares stimmen mit denen des unserigen fast genau überein. Die dort als Unterflügel gedeuteten Reste sind fraglich und können auch zu den Hinterbeinen gehören.

Ob das Thier zu *Phaneroptera* Serv. gehört, lässt sich weder aus MUENSTER'S Original, noch aus dem uns vorliegenden Stücke ersehen, da beiden viele für die Gattung wichtige Kennzeichen fehlen. Dem Habitus nach würde sich die Art allerdings am besten mit *Phaneroptera* vergleichen lassen, namentlich treffen wir bei dieser Gattung ähnliche Form und Grössenverhältnisse der Vorder- und Hinterflügel, ähnlich gebaute Vorder- und Mittelbeine und sehr lange, schlanke Hinterbeine. Der Grösse nach würde sie sich eher an die exotischen als an die europäischen Arten anschliessen.

Im 2. Bande der Archives du Musée Teyler, 1869, bildet WEYENBERGH auf Pl. XXXVI. Fig. 27 als *Phaneroptera Germari* eine Locustide ab, die sich, wenn die Abbildung zuverlässig ist, von der MUENSTER'schen Art schon durch die Kürze und Gestalt der Hinterschenkel und durch die breiteren Flügel unterscheidet. Viel eher scheint das dort abgebildete Thier zu *Elcana amanda* HAG. sp. zu gehören, was sich jedoch nur durch eine erneute Untersuchung der im Harlemer Museum aufbewahrten Type entscheiden lässt.

Pycnophlebia nov. gen.

πυκνός, dicht; φλέβιον, Ader.

Antennen dünn, viel länger als der Körper; Rücken des **Pronotums** eben, gerundet in die Seitenlappen übergehend, diese höher als lang, vorn gerade, aussen abgerundet, Humeralsinus vorhanden; **Vorderflügel** weit über die Spitzen der Hinterschenkel hinausragend, breit, Aussenrand flach, Innenrand stark convex, Spitze fast dreieckig verschmälert; *area mediastina* lang, in der Mitte des Flügelrandes endend, *vena scapularis* und *v. externomedia* verwachsen, der innere Ast der letzteren vor der Mitte abzweigend und zur Flügelspitze gehend, zahlreiche parallele, flach gekrümmte Zweige schräg nach vorn zum Innenrande abgebend, *vena internomedia* in zwei mehrfach gabelnde Aeste gespalten, deren Zweige denen des Externomedian-Astes parallel gerichtet sind; Hauptadern durch zahlreiche gerade, schmale viereckige Zellen bildende Queradern verbunden, die Streifen zwischen den Zweigen der *v. externomedia* und der *v. internomedia* mit polyedrischem Netzwerk ausgefüllt; **Hinterflügel** nicht länger als die Vorderflügel; **Beine** kurz, kräftig; die vorderen Schenkelpaare nach aussen wenig verschmälert, auf der Unterseite nicht, die Schienen oben und unten bedornt, Vorderschienen am Foramen nur wenig verbreitert, dieses offen, oval, einen grossen Theil der seitlichen Schienenbreite einnehmend; Hinterschenkel und -schienen kräftig, erstere die Hinterleibsspitze nicht überragend, auf der Unterseite ohne Dornen, letztere an der Basis nicht verbreitert, oben dicht, unten spärlich mit Dornen besetzt, mit Enddornen auf der Ober- und Unterseite; Tarsen viergliederig, die drei ersten unten lappenartig verlängert; **Legescheide** von mittlerer Länge, säbelförmig.

P. speciosa GERM. sp. Taf. II. Fig. 1—3.

1837. *Locusta speciosa.* GERMAR, Nov. Act. Ac. C. Leop. XIX. S. 198. Taf. XXI. Fig. 1 (non Fig. 2).
1852. *Decticus speciosus* (ex parte). GIEBEL, Deutschlands Petrefacten. S. 637.
1856. *Decticus ? speciosus.* GIEBEL, Fauna der Vorwelt. II, 1. S. 304.
1862. *Locusta (Decticus) speciosa.* HAGEN, Palaeont. X. S. 110, 113.
1869. *? Locusta speciosa.* WEYENBERGH, Arch. Mus. Teyler. T. II. p. 276. Pl. XXXVI. Fig. 30, 31.
1877. *Locusta speciosa.* ASSMANN, Amtl. Ber. 50. Vers. deutscher Naturforsch. München. S. 192.
1885. *Locusta speciosa.* SCUDDER in ZITTEL, Handb. der Palaeont. I. Abth. Bd. II. S. 769. Fig. 967.

Eine der häufigeren Arten des lithographischen Schiefers zeichnet sich diese Locustide vor allen anderen verwandten durch ihre ansehnliche Grösse aus, da ihre Gesammtlänge, vom Kopf bis zur Flügelspitze gemessen, 110—130 mm beträgt. Die 6 Exemplare der Dresdener Sammlung zeigen die Seitenansicht des Thieres mit Ausnahme einer Platte, auf welcher die Oberseite sichtbar wird. Leider ist diese durch unvorsichtiges Herauspräpariren so beschädigt, dass sie bei Beschreibung der Art nicht benutzt werden konnte. Unter dem untersuchten Material sind beide Geschlechter vertreten.

Männchen: Taf. II. Fig. 1.

Das Thier misst vom Kopf bis zur Hinterleibsspitze 64 mm, bis zur Spitze der Oberflügel 112 mm. Der Körper ist mit Ausnahme der Deckflügel mit ihrem Geäder und des linken Hinterbeines nur in den Umrissen erkennbar.

Nach den Umrandungslinien des **Kopfes** ist dieser etwa 8 mm lang und von der Mandibelspitze bis zur Scheitelhöhe doppelt so hoch, der gewölbte Scheitel geht gerundet in die vertikale Stirn über. Die fadenförmigen, ziemlich kräftigen Fühler sind bis auf eine Länge von 116 mm erhalten, ein 2,5 mm langes, über die Stirnlinie vortretendes Basalglied scheint angedeutet zu sein. Neben den Mandibeln liegen undeutliche Reste der Kiefertaster.

Der **Thorax** und das ca. 30 mm lange **Abdomen** lassen eine Deutung der einzelnen Theile nicht zu. Letzteres trägt am Ende zwei kurze Anhänge, welche das Thier als Männchen charakterisiren.

In demselben Erhaltungszustande befinden sich die vorderen **Beinpaare**. Die Vorderschenkel verschmälern sich nach der Spitze nur wenig (von 4 auf 2,5 mm) und haben eine Länge von 15 mm, die Schienen von 13 mm und die Tarsen von 9 mm. Die Fragmente des einen Mittelbeines weisen auf ähnliche Verhältnisse hin. Die Hinterbeine sind Springbeine mit kräftigen, 35 mm langen und 6,5 bis 3 mm breiten Schenkeln, 32 mm langen, starken, an der Basis nicht verbreiterten, auf der ganzen Länge ziemlich 3 mm breiten Schienen und 14 mm langen Tarsen, die aus vier Gliedern von 4,5, 2,5, 1,5 und 5,5 mm Länge zusammengesetzt sind. Das Endglied ist mit starken Klauen versehen. Die Schienen tragen auf der Oberseite noch vereinzelte, an der Spitze zwei stärkere Dornen.

Die **Vorderflügel** haben eine Länge von 92 mm und eine grösste Breite von 27 mm hinter der Mitte. Der Aussenrand ist flach, nur im basalen Theil schärfer gekrümmt, der von der Mitte an sichtbare Innenrand biegt sich steil gegen die Spitze herab und verbindet sich in scharfer Rundung mit dem äusseren. Der Spitzentheil der Flügel bekommt hierdurch fast dreieckige Gestalt. Die vordere Hälfte des Innenrandes ist mit dem Analfelde nach dem Rücken umgeschlagen und von der Seite nicht zu sehen. Die Oberflügel sind gegen einander verschoben, wodurch die Adern beider neben einander sichtbar werden. Um die des rechten Flügels schärfer hervortreten zu lassen, sind die Adern des linken in der Zeichnung nur durch punktirte Linien angedeutet worden. Von der Basis gehen drei Hauptadern aus: Dem Aussenrande zunächst eine fast geradlinige, die kurz hinter der Flügelmitte im Rande endet und ein breites Randfeld abgrenzt, welches von 9—10 leicht gekrümmten Seitenadern der ersteren schief durchsetzt wird. Diese Hauptader betrachten wir als die *vena mediastina* (m). — Die zweite beginnt an der Basis dicht neben jener, läuft ihr Anfangs parallel in einem Abstande von 1—2 mm, entfernt sich dann allmählich von ihr unter leichter Krümmung nach aussen und endet kurz vor der Spitze im Rande. Diese Hauptader entspricht der verwachsenen *vena scapularis* und *v. externomedia* (s. e). Von ihr zweigen nach dem Rande 5—6 Seitenadern unter sehr spitzem Winkel, nach innen dagegen, 26 mm von der Basis entfernt, ein starker Ast ab, der sich anfänglich von der Hauptader abwendet, sich dann ihr wieder nähert und in der Flügelspitze endet. Dieser Seitenast, den wir für den inneren Ast der *v. externomedia* halten, hat selbst wieder 8 Nebenäste, die im Allgemeinen dem Aussenrande des Flügels parallel in gleichen Abständen verlaufen und den Spitzentheil desselben ausfüllen. Der erste dieser Nebenäste trennt sich ungefähr in der Flügelmitte von dem Hauptaste. — Der Ursprung der dritten Hauptader, der *v. internomedia* (i) ist nicht ganz sicher. Sie ist kurz hinter dem Anfang der zweiten dieser so nahe, dass sie aus ihr hervorzugehen scheint, entfernt sich dann aber sehr rasch von ihr und theilt sich in zwei Aeste, deren äusserer durch einfache Gabelung zwei, deren innerer durch wiederholte 5 Zweige zum Innenrande entsendet, die in gleichen Abständen und parallel denen des Externomedian-Astes verlaufen, der letzte derselben endet 43 mm vor der Flügelspitze. Das Analfeld ist nicht sichtbar. An einzelnen Stellen sind zwischen den Hauptadern noch zahlreiche feine, gerade Queradern erhalten, die dieselben mit einander verbinden und schmale, meist rechteckige Querzellen bilden.

Die **Hinterflügel** ragen über die Vorderflügel nicht hinaus.

Weibchen: Taf. II. Fig. 2 u. 2a. Abdruck der linken Seite.

Dem abgebildeten Stücke fehlt der Kopf. Die Körperdimensionen sind von denen des beschriebenen Männchens nur wenig verschieden. Auch hier ist der Thorax nur in den Umrissen angedeutet.

Der **Hinterleib** ist schlanker als der des Männchens, namentlich gegen die Spitze hin, welche die ziemlich lange Legescheide trägt. Diese klafft auseinander, so dass die oberen und unteren Klappen sichtbar werden. Erstere haben eine Länge von 20 mm und eine grösste Breite von 2,5 mm, verjüngen sich allmählich nach der Spitze zu und sind säbelförmig gebogen, die Ränder glatt. Die kürzeren und schlankeren unteren Klappen verschmälern sich von der Basis an sehr schnell, sind fast gerade, nur an der Spitze leicht nach oben gebogen, seitlich gefurcht.

Die drei **Beine** der linken Seite sind ziemlich vollständig erhalten. Von Bedeutung ist namentlich die Beschaffenheit des Vorderbeines. Fig. 2a stellt die Aussenseite desselben in zweimaliger Vergrösserung nach einem vom Abdruck entnommenen Abguss dar. Der Schenkel hat ungefähr 15 mm Länge, ist mässig gebogen, nach der Spitze kaum verjüngt, an der breitesten Stelle 3 mm breit und anscheinend unbedornt. Die 14 mm lange Schiene ist in der basalen Hälfte verbreitert, dort 2,5 mm, von der Mitte an gleichmässig 1,5 mm breit. Auf dem erweiterten Theile erkennen wir deutlich eine fast doppelt so lange als breite, ovale, seichte Einsenkung, deren Oberrand wulstig aufgetrieben ist. Diese Grube kann nur dem äusseren Foramen der Schiene entsprechen. Vor und hinter demselben bis zur Mitte ist die Aussenseite der Schiene flach längsgefurcht, ihr Ober- und Unterrand bedornt. Die Tarsen sind ganz undeutlich. Schenkel und Schiene des Mittelbeines sind von ähnlicher Grösse und Form wie die des vorderen, nur ist die Schiene auf ihre ganze Länge hin gleich breit, trägt auch oben und unten Dornen, an der Spitze zwei kräftige Enddornen. Die 11 mm langen Tarsen setzen sich aus vier Gliedern zusammen, deren erstes 4 mm lang und unten kurz gelappt ist. Von dem zweiten und dritten Gliede, welche zusammen dieselbe Länge wie das erste besitzen, und dem längeren Klauengliede sehen wir nur den Oberrand. Das Hinterbein hat die schon an dem männlichen Exemplare beschriebene Form. Die ganze Oberseite und die Mitte der Unterseite der Schiene tragen Dornen, die Spitze oben und unten Enddornen. Die lappenartige Verlängerung der drei ersten Tarsenglieder ist hier deutlicher als an jenem Exemplare.

Ausser dem Abdruck des linken **Vorderflügels** sehen wir an dem weiblichen Exemplare noch Fragmente des rechten, sowie des einen Hinterflügels. Form und Geäder des ersteren sind von dem des Männchens nicht verschieden. Die verwachsene *vena scapularis* und *externomedia* ist hier bis über die Stelle hinaus, wo der innere Ast der Letzteren abzweigt, deutlich verdickt, die *v. internomedia* tritt als selbstständige Ader von der Basis her neben jener auf. Feine Queräderchen verbinden auch hier die Hauptadern mit einander, die bandartigen Streifen zwischen den Zweigen des Externomedian-Astes und der Internomedia aber sind mit deutlichen Reihen polyedrischer, ein feines Netzwerk bildender Zellen angefüllt.

Vom linken **Hinterflügel** wird nur der stark convexe Rand und ein schmales, durch die Mediastina (m'') abgegrenztes Randfeld sichtbar. —

Zur Ergänzung der beiden beschriebenen Exemplare dient ein drittes, dessen **Pronotum** theilweise erhalten ist (Fig. 3). Der obere Theil desselben ist anscheinend eben, der Vorderrand gerade. Die sehr grossen Seitenlappen (p) sind quergestellt, 10 mm hoch und 6,5 mm lang, aussen schief abgestutzt, an der Vorderecke stumpf, an der Hinterecke schärfer abgerundet. Der deutliche Humeralsinus ist gerundet. Der Rücken des Pronotums geht ohne wahrnehmbare Leisten, Wülste oder seitliche Erweiterungen in die Seitenlappen über. Mehrere Furchen und Falten auf der Oberfläche scheinen zufällig entstanden zu sein, da das einzige, von oben sichtbare Thier, welches die hiesige Sammlung besitzt, einen quergewölbten glatten Rücken erkennen lässt. —

Das von GERMAR abgebildete Thier ist ein Weibchen von derselben Grösse wie das unsere. An dem Originale tritt trotz der künstlichen Uebermalung die typische Form der Vorderflügel mit ihrem charakteristischen Geäder deutlich hervor. Wenn GERMAR diese für die Hinterflügel hält, so hat ihn anscheinend nur ihre Grösse und Breite zu dieser Annahme veranlasst. GERMAR betrachtet als nächsten Verwandten der fossilen Art die Gattung *Decticus*, doch machte bereits GIEBEL auf die Verschiedenheiten von dieser aufmerksam und bezeichnete sie mit Bestimmtheit als Vertreter einer neuen Gattung, nach den vorhandenen Abbildungen war es ihm aber nicht möglich, deren Eigenthümlichkeiten anzuführen. Diese liegen namentlich in der Verzweigung der *v. internomedia* und des inneren Astes der *v. externomedia*. Bei keiner der einheimischen und exotischen Gattungen der Locustiden welche in der entomologischen Sammlung des K. zoologischen Museums zu Dresden verglichen werden konnten, war eine ähnliche Gabelung der Ersteren, noch eine so grosse Zahl paralleler, regelmässiger Zweige des Letzteren zu beobachten wie an *Pycnophlebia speciosa*. Viel eher erinnert die Gabelung der *v. internomedia* an die der Mantiden, die zahlreichen parallelen Nerven in der Spitzenhälfte der Vorderflügel an die der Acrididen, während die Anordnung der Hauptadern in den Vorderflügeln, die langen Fühler, die schwertförmige Legeröhre des Weibchens, der Bau der Beine und die viergliederigen Tarsen die fossile Art unbedingt als Locustide bezeichnen

Die mangelnde Kenntniss vieler zur Unterscheidung der recenten Gattungen dienender Kennzeichen an der fossilen Art erschweren ausserordentlich die Feststellung der Beziehungen derselben zu einer der ersteren. Nach der von STÅL*) aufgestellten Uebersicht über die recenten Locustiden-Gattungen lässt sich *Pycnophlebia* am besten mit den Phyllophoriden vergleichen, da die Gattungen der Pseudophylliden und Conocephaliden, welche offene Foramina besitzen, z. Th. durch Lage und Form

---

*) Recensio Orthopterorum. 2. Stockholm 1871.

derselben, z. Th. durch den Bau der übrigen Körpertheile zu sehr von jener abweichen, als dass sie mit ihr verglichen werden könnten. Unter den Phyllophoriden scheinen uns die mit *Pycnophlebia* verwandtesten Gattungen die grossflügeligen *Trigonocorypha*, *Stilpnochlora*, *Steirodon*, *Peucestes* etc. zu sein; bei diesen finden wir ausser der Aehnlichkeit im allgemeinen Habitus und der Körpergrösse zum Theil auch grosse, quergestellte Seitenlappen des Pronotums, breite, die Hinterschenkel weit überragende, an der Spitze dreieckig verschmälerte Vorderflügel, die aussen flach, innen schärfer gerundet sind, im Verein mit kräftigen Hinterbeinen, so z. B. bei *Stilpnochlora* lange, kräftige Fühler, nicht erweiterte oder gekerbte Seitenränder des Pronotumrückens, quergestellte, grosse Seitenlappen des Halsschilds, sehr ähnliche Form der Vorderflügel mit in der Spitze endigendem Externomedian-Aste, offene elliptische, äussere Foramina und an der Basis nicht verbreiterte Hinterschienen. Dagegen sind bei dieser Gattung die Hinterbeine wesentlich länger, die Hinterschenkel ragen über die Abdominalspitze weit hinaus und sind viel schlanker. Auch *Steirodon* hat ähnlich gestaltete Deckflügel mit entsprechendem Verlauf des Astes der Externomedia und entsprechend lange Hinterbeine, die Foramina aber sind schmal, die Seiten des Pronotumrückens verbreitert, die Hinterschienen an der Basis erweitert. Noch mehr weichen *Posidippus*, *Peucestes* und *Frontinus* ab, schon durch die Flügelform, der Ast der äusseren Mittelader endet im Innenrande, diese Ader selbst giebt noch mehrere selbstständige Zweige zum Rande hin ab, das Halsschild ist seitlich erweitert und gekerbt, die Basis der Hinterschienen mehr oder weniger verbreitert. Alle die genannten Gattungen weichen aber darin von *Pycnophlebia* ab, dass der Aussenrand der Vorderflügel, namentlich in der basalen Hälfte, schärfer gebogen, der Abstand der *vena scapularis* (verwachsen mit der *v. externomedia*) von demselben grösser, die *v. mediastina* schwächer entwickelt ist, die Adern aus dem opaken, lederigen Flügel viel weniger hervortreten, die an *Holochlora* und verwandte Gattungen erinnernden, durch gerade Queradern gebildeten schmalen Zellen zwischen den Hauptadern fehlen, die Schenkel mit Dornen besetzt sind und die Legescheide des Weibchens kurz und stark gekrümmt ist. Die Form der Letzteren erinnert an *Phyllophora*.

Der Name *Pycnophlebia* ist wegen der grossen Zahl paralleler Nerven im Spitzentheil der Oberflügel gewählt worden.

GERMAR vereinigt mit seiner *Locusta speciosa* noch zwei kleinere Exemplare, deren eines in Nov. Act. Ac. C. Leop. XIX. Taf. XXI. Fig. 2 abgebildet ist. Wie wir uns an der Type im Münchener Museum überzeugen konnten, gehört dieses sicher nicht zur echten *L. speciosa* GERMAR'S, von der es weder die charakteristische Flügelform noch das Geäder besitzt. Vielmehr scheint es, ebenso wie zwei in der hiesigen Sammlung befindliche, von Kopf bis Flügelspitze ca. 60 mm lange, leider undeutliche Exemplare, sich an *Gryllacris* anzuschliessen, und sind es vielleicht nur grössere Exemplare unserer *Gryllacris propinqua* (s. S. 26), mit der sie in den Verhältnissen der einzelnen Körperdimensionen nahe übereinstimmen würden.

Conocephalus THUNB.

C. capito nov. sp. Taf. II. Fig. 12.

Das Thier ist im Stein selbst erhalten, Kopf, Thorax und Beine liegen erhaben auf der Platte, der Hinterleib fehlt.

Länge vom Kopf bis zur Flügelspitze 55,5 mm, Kopf und Halsschild zusammen 14,5 mm, Hinterschenkel und Schienen je 21,5 mm.

Kopf und **Halsschild** sind nicht scharf getrennt, nur an der tiefsten Stelle der sattelförmigen Rückenlinie beider deutet eine kurze Furche den Vorderrand des Pronotums an. Vor dieser Furche ist der Kopf oben fast horizontal, erhebt sich dann zu einem breiten kegelförmigen Fortsatz, dessen stark gerundeter Gipfel in die steil nach unten geneigte Stirn übergeht; eine rundliche Grube nahe jenem deutet die Lage der Augen an. Ein kurzer, über das Kopfprofil vorstehender dünner cylindrischer Körper entspricht einem Fühlerrest, dessen Basalglied den Kopf nach vorn anscheinend nicht überragte, da keine Spur von Verdickung seiner Basis wahrnehmbar ist.

Der **Vorderrücken** ist oben fast gerade, nur nahe dem Hinterrande schwach gewölbt. Die Form desselben, besonders die seiner Seitentheile, lässt sich aus dem abgebildeten Stücke nicht ersehen, eine vom Ende des Pronotums schief nach unten und vorn gerichtete Furche halten wir für zufällig entstanden, da sie sich bis gegen den Unterrand des Körpers fortsetzt. Die Bruststücke des Thorax sind nur in den Umrissen angedeutet.

Die an der Basis sehr schmalen, 43 mm langen **Vorderflügel** verbreitern sich nach der gerundeten Spitze zu allmählich bis auf 6,5 mm, der Spitzentheil ist leicht nach oben gezogen, der Innenrand daher anscheinend flach gebuchtet. Die Deutlichkeit der Adern des linken Vorderflügels wird beeinträchtigt durch die neben ihnen sichtbar werdenden (in der Abbildung punktirten) des rechten. Zu erkennen sind vier Hauptadern: An der Schulter eine kurze, feine, unverzweigte, die Flügelmitte nicht erreichende Längsader, die *vena mediastina*, die nur schwach hervortritt. Die *v. scapularis* verläuft unter schwach S-förmiger Krümmung nahe dem Aussenrande, dem sie sich von der Mitte an nähert; einige schiefe Aestchen gehen von ihr zum Rande. Die *v. externomedia* ist ihr im Allgemeinen parallel, nur kurz vor der Mitte, wo sie einen inneren Ast abgiebt, mehr genähert, sie endet in der Flügelspitze. Ihr innerer Ast entfernt sich nur wenig von der Hauptader, der zwischenliegende Streifen ist kaum breiter als der zwischen dem Hauptstamme und der Schulterader liegende. Vom ersten Drittel der Länge an beginnt er zu gabeln und sendet 6 einfache Zweige zum Innenrande und der Spitze. Die *v. internomedia* läuft im flachen Bogen erst der *v. externomedia*, dann deren innerstem Zweige parallel 8 mm vor der Spitze in den Innenrand, ihre 3 Zweige sind sehr schief nach vorn gerichtet. Zur Internomedia gehört auch die nahe dem oberen Rande, 18 mm von der Basis endende feine Längsader. Das Analfeld ist umgeschlagen und von der Seite unsichtbar.

Die **hinteren Flügel** ragen über die vorderen nicht hinaus.

Die schwachen **Vorderschenkel** sind etwa 6, die Schienen 6,5 mm lang, die Mittelbeine undeutlich. Die am Grunde mässig verdickten und nach der Spitze allmählich dünner werdenden Hinterschenkel und die schlanken Schienen erreichen eine Länge von je 21,5 mm, die Tarsen von ca. 6 mm. —

Der mangelhafte Erhaltungszustand des Exemplares lässt eine genauere Vergleichung mit lebenden Locustiden nicht durchführen, da gerade die für die Systematik jener wichtigsten Körpertheile, Vorderschienen, Tarsen, Bedornung der Beine, Thorax nicht deutlich sind, man daher nur auf den Habitus, die Kopf- und Flügelform, das Flügelgeäder und die Grössenverhältnisse der einzelnen Körpertheile angewiesen ist. Diese deuten auf eine nahe Verwandtschaft mit den Conocephaliden hin, deren Kopfgipfel nach vorn stumpfkegelförmig verlängert ist und das erste Fühlerglied überragt. Hiermit stimmen auch die langgestreckten, am Innenrande flachgebuchteten Vorderflügel und deren Geäder überein. Die vena mediastina ist kurz und wenig deutlich, die Scapularis nähert sich hinter der Mitte dem Aussenrande so stark, dass der Randstreifen äusserst schmal wird; die Externomedia läuft jener parallel, nur in der Mitte etwas mehr genähert und giebt kurz vor derselben einen wiederholt gabelnden Innenast ab, der ebenso wie die Hauptader nahe der Flügelspitze endigt; die Internomedia erreicht ihr Ende in ca. vier Fünftel der Flügellänge am Innenrande. Auch die Kürze der Hinterflügel spricht für die Verwandtschaft mit den Conocephaliden. Am nächsten erinnert das Fossil an *Conocephalus* selbst. Zwar ist die dicke kegelförmige Gestalt des Kopfgipfels mehr die von *Bucrates*, doch giebt es auch unter den *Conocephalus*-Arten solche mit breiter gerundetem Gipfel, z. B. *C. dissimilis* SERV. und einige unbeschriebene Arten aus Süd-Amerika und Java, die wir in der Sammlung des K. zoologischen Museums zu Dresden zu vergleichen Gelegenheit hatten. Für *Conocephalus* sprechen auch die kurzen, schwachen Vorderschenkel und die Länge und Gestalt der Hinterschenkel. *Conocephalus capito* ist grösser als die einheimische Art *C. mandibularis* Charp. und hat die Grösse von *C. occidentalis* SAUSS. aus Venezuela.

Das Original befindet sich in der Universitätssammlung zu Göttingen und wurde uns durch Herrn Prof. Dr. VON KOENEN gütigst zur Bearbeitung überlassen.

Gryllacris SERV.

Gr. propinqua nov. sp. Taf. II. Fig. 9, 10.

Gesammtlänge von Kopf bis Flügelspitze	50—52,5 mm	Länge der Hinterflügel	38,0 mm
bis Hinterleibsspitze	33,0 „	„ des Vorderschenkels	9,0 (?) „
Länge des Kopfes	4,0 „	„ der Vorderschiene	8,5 „
„ „ Pronotums	6,0 „	„ des Hinterschenkels	20,5 „
„ der Vorderflügel	36,0 (?) „	Breite desselben an der Basis	5,0 „
Breite „ „	8,0 „	Länge der Hinterschiene	21,0 „

Der **Kopf** ist senkrecht gestellt, dick, oben und vorn stark gewölbt, über den Augen fast aufgequollen. Die Oberkiefer stehen weit vor. Hinter den länglich eiförmigen grossen Augen ist der Kopf oben bis zum Hinterrande tief gefurcht, über dieser Furche auch noch eine zweite feinere angedeutet. Vor den Augen sind die mindestens 59 mm langen, feinen Fühler eingelenkt, deren verdicktes Basalglied über das Stirnprofil vorsteht.

Das kurze **Pronotum** ist von der Seite gesehen so lang als hoch, daher stark quer gestellt. Hinter dem geraden Vorderrande senkt sich der Rücken flach ein und erhebt sich dann wieder sattelförmig nach dem gerundeten Hinterrande. Der sehr stumpfe Humeralsinus prägt sich wenig aus, die schmalen, aussen sehr flach gerundeten Seitenlappen sind kürzer als der mittlere Theil des Halsschilds. Innen neben dem Rande läuft um das Pronotum eine feine vertiefte Linie.

Vom **Hinterleib** ist an dem in Fig. 10 abgebildeten Individuum die Spitze mit Resten einer langen, schmalen, gekrümmten Legescheide erhalten.

Die **Beine** sind kräftig, die vorderen von mittlerer Länge, die hinteren verhältnissmässig kurz, ihre Schenkel nur wenig länger als der Hinterleib. Die Vorderschienen erreichen anscheinend noch nicht ganz die Länge der Schenkel, die eine derselben trägt noch zwei Tarsenglieder mit lappenförmig verlängerter Sohle. Die an der Basis stark verdickten Hinterschenkel verschmälern sich nach der Spitze um mehr als die Hälfte, auf der Aussenseite erheben sich eine Längsrippe und schief nach vorn gerichtete, federförmig angeordnete feine Querrippen. Die schlanken Schienen sind nur wenig länger als die Schenkel und auf der Oberseite mit langen, in grösseren Zwischenräumen befestigten Dornen besetzt.

Die **Vorderflügel** sind wenig kürzer als die Hinterflügel, breit, in der Seitenansicht parallelseitig begrenzt, ungefähr 4½ Mal so lang als breit, der Aussenrand gerade. Vom Geäder sieht man in Fig. 9, die den Abdruck der linken Seite des Thieres darstellt, zunächst in der Schultergegend eine Gruppe von 5 feinen, schief nach hinten laufenden kurzen Adern (m). Diesen folgt eine stärkere Ader (s), die von der Mitte der Basis unter leichter Krümmung nach aussen zum Rande geht und hinter der Flügelmitte endet. Einige kaum sichtbare Seitennerven verbinden sie mit dem Rande. Die nächste stärkere Ader (s') beginnt dicht neben der vorigen, entfernt sich allmählich von ihr und nähert sich dann im flachen Bogen dem Rande, gegen das Ende hin wird sie undeutlich. Ihre Seitenzweige verbinden sie theils mit der Ader s, theils mit dem Rande, die zwischen diesen Seitennerven liegenden Streifen sind wieder durch äusserst feine Quernerven in viereckige grosse Zellen getheilt. Die dritte Hauptader (e) verläuft ähnlich der zweiten, sie endet vor der Flügelspitze im Aussenrande. Die vierte Hauptader (i) ist flach nach aussen gebogen und läuft vor der Spitze in den Innenrand aus. Im Spitzentheil des Flügels werden zwischen dieser und der dritten Ader noch mehrere feine Längsadern sichtbar, die anscheinend aus der letzteren ihren Ursprung nehmen. In dem noch verbleibenden Theile des Vorderflügels bemerkt man ausser einigen kaum sichtbaren Längsnerven (bei *a*) an der Basis noch mehrere gedrängte, kurze, bogige Nerven, die wir als gekrümmte Queradern deuten möchten, die vielleicht aber auch den büschelförmigen Adern (m) des anderen Vorderflügels entsprechen. Die Adern des linken sind nach der Spitze zu mehr oder weniger verwischt, weil hier eine grössere Zahl langer, gerader, selten gabelnder Nerven auftreten, die jene schief durchkreuzen. Nach Analogie lebender Arten können diese nur dem rechten Vorderflügel angehören, der mantelartig um den Körper gelegt den Spitzentheil des linken verdeckt.

Die **Hinterflügel** sind schmäler und wenig länger als die Vorderflügel. —

Wenn die hier beschriebene Art zu *Gryllacris* gestellt worden ist, so hat uns dazu die eigenthümliche Bildung und das Geäder der Vorderflügel veranlasst. Während diese bei der Mehrzahl der Locustiden in der Ruhelage mehr oder weniger parallel gestellt sind und nur das Analfeld nach dem Rücken umgeschlagen ist, legen sich bei *Gryllacris* dieselben mantelartig um den Körper, wobei sich der eine zum Theil über den andern legt und das Geäder desselben verdeckt. In analoger Weise ist dies auch bei unserer fossilen Art der Fall. Das Geäder der *Gryllacris*-Vorderflügel unterscheidet sich von dem anderer Locustiden vor Allem durch die grosse Zahl langer, wenig divergirender Nerven, die den Flügel der Länge nach durchziehen, die Anordnung derselben hat O. Heer*) an dem Flügel von *Gr. maculicollis* in eingehender Weise behandelt. Hiernach folgt auf die büschelförmig verzweigte *v. mediastina* eine schon an der Basis in zwei starke Stämme getheilte *v. scapularis* mit feinen, nach dem Aussenrande gehenden und zum Theil auch die Hauptadern verbindenden Quernerven; dem inneren Aste nahe und parallel verläuft die *v. externomedia*, die im flachen Bogen vor der Flügelspitze im Aussenrande endet und nach dieser sowohl als nach dem Innenrande hin mehrere lange parallele Aeste, die der Längs-

*) Insectenfauna der Tertiärgebilde von Oeningen und Radoboj. II. 1849. S. 10. Taf. I. F. 6.

richtung des Flügels folgen, abgiebt; der Streifen zwischen dieser Ader und dem inneren Stamme der Schulterader ist viel schmäler als der zwischen diesem und dem äusseren Aste: die *v. internomedia* ist eine einfach gabelnde Längsader, die innen kurz vor der Flügelspitze endet; das Analfeld wird von mehreren jener parallelen Nerven durchzogen. Wenn wir hiermit das Flügel-Geäder der jurassischen Art vergleichen, so ist eine grosse Uebereinstimmung nicht zu verkennen. Auch hier ist eine büschelförmige Mediastina (m) vorhanden, der zwei starke divergirende Hauptadern (s und s') folgen, die wir als die beiden Stämme der Schulterader ansehen, wenn auch ihre Vereinigung an der Basis nicht deutlich ist, ihre Seitennerven gehen schief zum Aussenrande. Die Externomedia (e) ist der Schulterader sehr genähert und geht vor der Flügelspitze zum Aussenrande, ihre Zweige nehmen die Flügelspitze ein und folgen der Längsrichtung des Flügels. Die Internomedia hat dieselbe Richtung und mündet in den Innenrand, ihre Gabelung ist an unseren Flügeln allerdings nicht sichtbar. Dass auch im Analfeld parallele Längsnerven vorhanden sind, lässt sich aus den Adern im umgeschlagenen Theile des rechten Vorderflügels schliessen.

Wie demnach aus dem Vergleiche der Flügel der jurassischen Art mit denen der recenten *Gryllacris*-Arten hervorgeht, ist, zumal auch die übrigen Körpertheile, wie der Kopf, der Prothorax und das Abdomen mit der langen Legescheide dem nicht widersprechen, eine Vereinigung mit der genannten Gattung so lange gerechtfertigt, als nicht bessere und vollkommenere Exemplare zur Trennung von dieser nöthigen.

II. Neuroptera Linné.

A. Pseudoneuroptera Erichson.

Fam. Termitina.

Die Termiten sind in der uns vorliegenden Sammlung äusserst spärlich vertreten und scheinen im oberen Jura überhaupt noch ziemlich selten gewesen zu sein. Die wenigen hierher gehörigen Reste schliessen sich ihren Grössenverhältnissen nach an *Termes lithophilus* Germ. sp. (vergl. Hagen in Palaeont. X. S. 115) an, eine Art mit 35 mm langen Flügeln nimmt eine Mittelstellung zwischen jener und *Termes heros* Hag. (l. c. S. 114. Taf. XV. Fig. 1) ein. Eine nähere Beschreibung gestattet ihr Erhaltungszustand nicht.

Fam. Ephemeridae.

Ephemera L.

E. mortua Hag. Taf. II. Fig. 13.

1862. *Ephemera mortua*. Hagen, Palaeont. X. S. 117. Taf. XV. Fig. 5.
1869. *Ephemera mortua*. Weyenbergh, Arch. Mus. Teyler. T. II. p. 262.

Ein in der hiesigen Sammlung aufbewahrtes Exemplar stimmt mit Hagen's Abbildung in Gestalt und Grösse überein. Das Thier liegt auf der Seite und lässt ausser den Vorderflügeln auch einen Hinterflügel erkennen, der bei einer Länge von 13 mm und einer Breite von 5,5 mm dieselbe Form wie jene besitzt. Die Schwanzborsten erreichen hier eine Länge von 28 mm, sind also doppelt so lang als an Hagen's Type. Von den Beinen finden sich nur Spuren vor. Leider lässt die schlechte Erhaltung auch unseres Exemplares einen Vergleich mit den recenten Gattungen nicht zu. In der Grösse der Hinterflügel nimmt *Ephemera mortua* eine Zwischenstellung zwischen *Ephemera ? procera* Hag. aus denselben Schichten und den recenten Gattungen ein.

Fam. Odonata.

Subfam. Libellulina

Estemoa GIEBEL 1856.

Die Beschreibung des Aderverlaufs der Flügel ist nach einem weiblichen Exemplare von *Estemoa densa* HAG. sp. mit ausgezeichnet erhaltenem Geäder entworfen, die Einzelheiten desselben sind bei Behandlung der Art selbst näher ausgeführt.

Die Arten dieser Gattung zeichnen sich im Habitus durch kurzen, breiten Leib, das Weibchen durch eine lange Legescheide, und grosse breite Flügel aus.

Vorderflügel. Der Vorderrand ist von der Basis an nach aussen, hinter dem Nodus, der kurz vor der Flügelmitte liegt, bis zum Pterostigma nach innen geschwungen, der Hinterrand Anfangs flach, nach der elliptischen Spitze zu stärker convex, die grösste Breite gleich einem Viertel der Länge ist dicht hinter der Mitte des Flügels. Die Costa erweitert und krümmt sich an der Basis stark nach aussen, die Subcosta verläuft in ähnlichem, aber flacherem Bogen und verlängert sich ein Stück über den Nodus hinaus, die Mediana ist ihr parallel und näher als diese der Costa, hinter dem Nodus flach nach vorn, zu Anfang des Pterostigma nach hinten geschwungen und endet unter allmählicher Annäherung an den Rand in der Spitze. Das Pterostigma beginnt im dritten Viertheil der Flügellänge, ist etwa vier Mal so lang als breit, beiderseits durch schiefe Queradern begrenzt und wird von mehreren unvollständigen, von der Mediana ausgehenden Queradern in ungleichen Zwischenräumen durchsetzt. Der Arculus liegt im ersten Neuntel der Flügellänge, geht schief von vorn nach hinten und ist kurz vor seinem Ende winkelig gebrochen, die Sectoren entspringen daraus nahe der Mitte mit getrennten Wurzeln und sind an ihrer Basis nicht rückwärts gekrümmt. Der Sector principalis hat mit Ausnahme einer kurzen Biegung nach vorn hinter der Ursprungsstelle des Sector medius einen der Mediana analogen Verlauf, das Feld zwischen beiden erweitert sich leicht unter dem Pterostigma und wird dicht hinter dem Innenrand desselben von einer schiefen, stärkeren Querader durchschnitten. Der Sector brevis entfernt sich in gerader Richtung allmählich vom S. principalis, wendet sich unter dem Nodus im flachen Bogen nach hinten und endet, kurz vorher noch leicht nach innen geschwungen, im zweiten Drittel der Flügellänge im Hinterrande. Der Sector medius trennt sich vom S. principalis im ersten Drittel des Flügels und geht in mässigem, dann schärferen Bogen neben dem S. brevis zum Rande. Der Sector subnodalis zweigt dicht hinter dem S. medius ab und zeigt einen dem S. brevis, der am Nodus beginnende S. nodalis einen dem S. medius entsprechenden Verlauf, beide münden dem Ende des Pterostigma gegenüber in dem Hinterrande, in dem zwischenliegenden Streifen tritt bald hinter dem Nodus eine stärkere, schiefe Querader hervor.

Das Dreieck liegt in der doppelten Entfernung des Arculus von der Basis, ist quer zur Längsaxe des Flügels gestellt und nimmt circa ein Drittel der Breite desselben ein. Der vordere Innenwinkel ist ein rechter, die vordere Seite die kürzeste, die Innen- und Aussenseite flach doppelt geschwungen. Der Sector trigonalis superior läuft ein kurzes Stück dem Vorderrande des Flügels parallel, biegt sich dann nach hinten um und geht in gerader Richtung nach einem dem Nodus gegenüberliegenden Punkte. Die der Submediana nahe und parallele Postcosta verbindet sich mit der vorderen, inneren Dreiecksecke, ein rückwärts gerichteter, geknickter Ast mit der Hinterecke desselben, wodurch ein inneres Viereck begrenzt wird; der Sector trigonalis inferior gabelt mehrfach in fünf sehr schief nach aussen gerichtete Aeste, das Feld zwischen diesem und dem S. trig. sup. erweitert sich nach hinten.

Das Zwischengeäder zeigt einen bemerkenswerthen Unterschied in der Grösse der Zellen, indem längs des Vorderrandes und im basalen Theile der Flügel ein grossmaschiges, im übrigen ein dichteres Zellennetz vorherrscht. Das Randfeld wird nahe der Basis von zwei bis zur Mediana gehenden stärkeren Queradern durchsetzt, deren erste in der Nähe des Arculus liegt. Zwischen diesen ist das Randfeld mit mehreren Reihen fünf- und sechseckiger Zellen angefüllt, hinter der zweiten Querader bis zum Nodus mit einer Doppelreihe fast rechteckiger, das Spitzenrandfeld bis zur Mitte zwischen Nodus und Pterostigma mit einer ähnlichen Doppelreihe, die vor und hinter dem Letzteren in eine Reihe viereckiger, durch schiefe Queradern getrennter Zellen übergeht. In den zwischen der Subcosta und dem Sector brevis bis zum Nodus liegenden Flügelstreifen stehen dichtgedrängte gerade Queradern, wie sie auch das Spatium basilare und medianum und das trapezförmige Feld vor dem Dreiecke theilen. In der äusseren Flügelhälfte ist das zweite Feld hinter dem Nodus leer, dann mit fünfeckigen Zellen gefüllt, die eine Doppelreihe bilden. Der ganze Flügeltheil hinter dem Sector brevis vom Dreieck an bis zum Nodus, von da hinter dem S. principalis bis zur Spitze ist dicht genetzt, die Zellen stehen in den einzelnen Feldern Anfangs in Längsreihen, nehmen nach hinten an Grösse ab, an Zahl zu und ordnen sich nach dem Hinterrande in schiefen Reihen an, die im Felde zwischen dem Sector principalis und dem S. nodalis vom Ersteren, in dem Felde zwischen S. subnodalis und S. medius, sowie im Discoidalfelde federfahnenartig von supplementären Sectoren ausgehen, die die Biegungen des S. subnodalis bez. S. brevis abschneiden. Der Dreiecksinhalt besteht aus zwei Reihen fünfeckiger Zellen. Das durch den rückwärts gerichteten Ast der Postcosta begrenzte Viereck, sowie zwei ähnliche neben demselben durch bogige Sectoren abgetrennte enthalten grössere pentagonale und hexagonale Zellen, der übrige Theil des Hinterrandfeldes in gekrümmten, kettenförmigen Reihen angeordnete.

Die **Hinterflügel** sind eben so lang, aber wesentlich breiter, als die vorderen, ihre Länge beträgt nur das Dreifache ihrer grössten Breite, die nahe der Basis liegt. Der Vorderrand ist ähnlich dem der Vorderflügel, der Hinterrand weniger convex, der z. Th. zerstörte Analrand scheint gerundet zu sein. Das Geäder ist dem der Vorderflügel im Allgemeinen analog, die Costa weniger stark nach aussen gebogen, das Randfeld daher schmäler. Der Nodus liegt der Basis näher, die Subcosta ist fast gerade, auch über den Nodus hinaus verlängert, die Mediana nähert sich vor dem Pterostigma mehr dem Rande als im Vorderflügel. Das Pterostigma selbst enthält auch hier mehrere unvollständige Queradern. Der Arculus liegt in derselben Entfernung von der Basis wie vorn, das Dreieck näher, seine äussere Ecke von der Basis soweit entfernt als im Vorderflügel die Spitze des Spatium medianum, das Dreieck selbst ist schmäler, seine Vorderseite kürzer. Das feine Zwischengeäder ist in ähnlicher Weise wie vorn angeordnet, im Randfeld sind nur zwei Reihen Zellen zu bemerken, aber 3 stärkere Queradern, deren erste dicht hinter der Basis sichtbar wird Ganz abweichend von dem des Vorderflügels ist das Hinterrandfeld. Zwar endet die Postcosta auch hier im vorderen Innenwinkel des Dreiecks, aber der rückwärts gerichtete Ast fehlt. Statt dessen geht neben der Postcosta von der Basis aus eine mehrfach gebrochene Ader nach der Hinterecke des Dreiecks, welche durch stärkere Queradern mit jener verbunden ist, wodurch eine Reihe scharfbegrenzter, fünf- und viereckiger Felder entsteht, die von innen nach aussen an Grösse zunehmen und mit einem weitmaschigen Zellennetz angefüllt sind. Von dieser Ader aus verbreiten sich über das Hinterrandfeld fächerförmig 6—7 doppelt gekrümmte Zweige, welche dasselbe in dreieckige, nach dem Rande erweiterte, gebogene Streifen theilen. Neben diesen Zweigen liegt jederseits eine Reihe viereckiger, z. Th. quadratischer Zellen, dazwischen fünf- und sechseckige, die sich zwischen mehrfach gabelnden supplementären Sectoren ordnen. Das Feld zwischen dem stark gebogenen, gespaltenen Sector trig. inf. und der äussersten der Zweigadern enthält zwischen dem Vorderrande und einem ihm parallelen Zwischensector viereckige, im Uebrigen Reihen fünf- und sechseckiger Zellen.

Der **Hinterleib** ist kürzer als die Flügel, beim Männchen schmal, von der Basis bis zur Mitte verjüngt, von da an wieder an Breite zunehmend, die letzten 4 Glieder mässig keulenförmig, beim Weibchen breit und flach, meist überall gleich breit, die Legescheide über das Afterende hinaus um die Länge der drei letzten Glieder verlängert. Die einzelnen Glieder nehmen von der Basis bis zur Mitte an Länge zu, nach dem Afterende hin wieder ab. —

Bei einem Vergleiche der *Estemoa*-Arten mit den recenten Odonaten müssen die Agrioninen und Calopteryginen wegen der Bildung der Flügeldreiecke ausgeschlossen werden. Wenn man die gleiche Form und Stellung der Letzteren in den beiden Flügelpaaren allein berücksichtigen wollte, so könnte nur an eine Verwandtschaft mit den Aeschninen und Gomphinen gedacht werden, untersucht man aber das übrige Geäder, so zeigen sich wesentliche Abweichungen von diesen. Die Flügel der Aeschniden im weiteren Sinne, vor Allem die hinteren, sind relativ schmäler, die Hinterflügel der Weibchen an der Basis breiter gerundet, im Hinterrandfelde der Vorderflügel fehlen die bogigen Adern zwischen den Zellen, in dem der Hinterflügel die neben der Postcosta von der Basis nach der Hinterecke des Dreiecks gehende supplementäre Ader mit ihren fächerförmig vertheilten, doppelt geschwungenen Zweigen. Bei den Aeschniden liegen dort zwischen den Zellenreihen gerade, mehr oder weniger parallele Adern, die von der Postcosta und dem Sector trigonalis inferior abzweigen. Im zweiten Spitzenrandfelde der Aeschniden beginnen die Queradern dicht hinter dem Nodus. Speciell den Aeschninen fehlt im Vorder- wie Hinterflügel der obere Ast der Postcosta und damit ein inneres Dreieck, die Flügeldreiecke selbst sind länger und schmäler, die Hinterflügel charakterisirt das am Dreieck verbreiterte, nach dem Rande verschmälerte Feld zwischen dem Sector trigonalis superior und inferior und der längere oder kürzere rückläufige Ast des Letzteren; Sector subnodalis und nodalis laufen dem S. principalis bis unter das Pterostigma nahe und enden hinter demselben kurz vor der Spitze im Rande. In allen Flügeln der Gomphinen spaltet sich die Postcosta in einen vorderen und einen hinteren Ast und grenzt ein inneres Dreieck ab, mit Ausnahme von *Chlorogomphus*, bei welcher Gattung sowohl im Vorder- als auch im Hinterflügel der vordere Ast fehlt; bei *Estemoa* findet eine ähnliche Spaltung nur im Vorderflügel statt. Bei den Gomphinen ist mit wenigen Ausnahmen die innere Dreiecksseite die kürzeste, bei *Estemoa* die vordere. Wenn wie bei *Petalura*, *Uropetala* und *Phenes* das Dreieck des Vorderflügels eine ähnliche Gestalt wie bei der fossilen Gattung hat, ist wenigstens das des Hinterflügels anders gestellt. Bei allen Gomphinen entspringt der Sector subnodalis aus einer Querader zwischen S. principalis und medius, nicht aus dem Ersteren selbst. Das Spatium basilare ist nur bei *Chlorogomphus* durch Queradern getheilt. Wenn im Spatium medianum und in dem Feldchen vor dem Dreieck Queradern vorhanden sind, ist ihre Anzahl viel geringer als bei *Estemoa*. Dasselbe gilt vom Zelleninhalt des Dreiecks.

Im Habitus unterscheidet sich *Estemoa* durch den kurzen Leib und die langen Flügel von den Aeschniden.

Von den recenten Libelluliden weichen die *Estemoa*-Arten durch die gleiche Form und Stellung der Dreiecke im Vorder- und Hinterflügel und den Verlauf der Postcosta im Letzteren ab. Auch sind bei keiner der heutigen Libelluliden-Gattungen ein durch Queradern getheiltes Spatium basilare, an der Basis gerade, nicht rückwärts gekrümmte Sectores arculi und eine ähnliche supplementäre Ader im Hinterrandfelde der Hinterflügel wie bei *Estemoa* bekannt. Ein allen Libelluliden gemeinsames Merkmal, das Fehlen der Queradern im zweiten Spitzenrandfelde hinter dem Nodus, besitzt hingegen auch die fossile Gattung, ebenso die jenen eigenthümliche Form des Vorderflügeldreiecks, die bogig gekrümmten Sectoren im Hinterrandfelde des zweiten Flügelpaares und den gabelig gespaltenen Sector trigonalis inferior, nur biegt sich dessen innerer Ast nicht soweit zurück, dass das bekannte stiefelförmige Feld im Hinterflügel der meisten Libelluliden gebildet würde. Bei manchen Gattungen derselben (*Celithemis*, *Perithemis* u. a.) finden wir im Vorderflügel auch einen hinteren Ast der Postcosta, sowie bogenförmige, von derselben ausgehende Adern im Zellennetz des Hinterrandfeldes, ein ähnlich dichtes Geäder bei *Neurothemis*, bei welcher Gattung nicht allein der hinter dem Sector principalis bis zum Dreieck liegende Flügeltheil mit einem engen Zellennetz bedeckt, sondern auch das Randfeld vor und hinter dem Nodus und das zweite Spitzenrandfeld bis unter das Pterostigma bei einzelnen Arten mit einer doppelten Zellenreihe, das Spatium medianum und das vor dem Dreieck liegende Feld mit zahlreichen Queradern und das Dreieck selbst mit mehreren Zellenreihen gefüllt ist. Der kurze, breite Leib und die relativ langen und breiten Flügel verleihen den *Estemoa*-Arten einen Habitus, wie er den Arten von *Tholymis*, *Pantala*, *Rhyothemis*, *Neurothemis* eigen ist. Ohne Beispiel ist die lange Legescheide des Weibchens.

Ein von Queradern durchsetztes Pterostigma ist uns weder bei Libelluliden noch Aeschniden bekannt.

Aus diesen Betrachtungen ergiebt sich, dass die fossilen Formen mit den heutigen Libelluliden am nächsten verwandt sind und sich von diesen im Wesentlichen nur durch die Bildung der Flügeldreiecke und den Verlauf der Postcosta unterscheiden. Dass diese Abweichungen von der normalen Bildung nicht unbedingt zu einer Trennung von jener Unterfamilie zwingen, geht aus Analogien mit den Gomphinen hervor, unter denen die Gattungen *Chlorogomphus*, *Petalura*, *Uropetala* und *Phenes* durch die verschiedene Stellung der Dreiecke der Vorder- und Hinterflügel, *Chlorogomphus* auch durch den Verlauf der Postcosta eine von den übrigen differente Gruppe bilden. Auch in der Verlängerung der Subcosta über den Nodus hinaus kann nur eine Ausnahme von der Regel gesehen werden, wie sie sich in ähnlicher Weise unter den Aeschninen bei *Neuraeschna* und *Staurophlebia* wiederfindet.

Ob *Estemoa* mit den Libellulinen oder den Cordulinen zu vereinigen sein würde, ist ohne Kenntniss der Form der Augen und des Analrandes der männlichen Hinterflügel nicht zu entscheiden. Die breiten Flügel der Weibchen und die Aehnlichkeit mit dem Geäder einzelner Libellulinen-Gattungen würden für eine Vereinigung mit den Ersteren sprechen.

Hiernach glauben wir, in den fossilen Formen die Vertreter einer ausgestorbenen Gruppe der Libelluliden erkennen zu müssen, welche sich in folgenden Punkten von den recenten unterscheidet:

„Dreiecke der Vorder- und Hinterflügel gleichgebildet und quer zur Längsaxe derselben gestellt; Aussenwinkel des Dreiecks im Hinterflügel soweit von der Basis wie die Spitze des Spatium medianum im Vorderflügel; die Postcosta in allen Flügeln mit der vorderen Innenecke des Dreiecks verbunden.“

Die einzige bis jetzt bekannte, hierher gehörige Gattung ist *Estemoa* GIEBEL: „Flügel breit, namentlich die hinteren; Subcosta über den Nodus hinaus verlängert; Pterostigma von Queradern durchsetzt; Sectores arculi ungestielt, an der Wurzel gerade; Analfeld der Hinterflügel mit einer die Flügelbasis mit der Hinterecke des Dreiecks verbindenden, fächerförmig verzweigten Ader; Flügeldreieck dicht genetzt; Spatium basilare, medianum und das Feldchen vor dem Dreieck durch zahlreiche Queradern getheilt; Geäder sehr dicht; Hinterleib kurz, der des Weibchens breit, platt, Legeröhre lang, weit über das Afterende hinaus verlängert."

GIEBEL*) hat die Gattung *Estemoa* für einen Libellenhinterflügel aufgestellt, den WESTWOOD**) unter dem Namen *Aeschnidium Bubas* aus dem englischen PURBECK beschrieb. Ein Vergleich der Abbildung WESTWOOD'S mit der des Hinterflügels von *Estemoa densa* (unsere Taf. III. Fig. 4) lässt erkennen, dass die Flügel beider Arten so genau übereinstimmen, dass man fast an eine Identität beider glauben möchte. Mit WESTWOOD'S Art ist höchstwahrscheinlich auch das von BRODIE***) als *Libellula antiqua* bezeichnete Fragment eines Hinterflügels aus dem englischen PURBECK zu vereinigen. Die von WOODWARD†) aus Kreideschichten von Nord-Queensland beschriebene *Aeschna Flindersiensis* dürfte wohl auch zu *Estemoa* oder einer sehr nahe verwandten Gattung gehören.

Aus dem lithographischen Schiefer Bayerns sind uns zwei hierher zu stellende Arten bekannt:

1. *Estemoa densa* HAG. sp. Taf. III. Fig. 4.

1862. (*L.*) *densa*. HAGEN, Paläont. X. S. 107.
1868. (*Libellulina*) *densa*. BRAUER, Verhandl. k. k. zool. botan. Ges. Wien. Bd. XVIII. S. 738.
1869. *Libellulium densa*. WEYENBERGH, Arch. Mus. Teyler. T. II. p. 252.

Weibchen:	Körperlänge	54	mm
	Länge des Abdomens	37	„
	„ der Vorderflügel	45	„
	„ „ Hinterflügel	45	„
	Grösste Breite der Vorderflügel	11	„
	„ „ „ Hinterflügel	15	„
	Flügelspannung	96	„
	Pterostigma	4.5	„

Vorderflügel: Länge 45 mm, Breite an der Basis 4,5, am Ende des Pterostigma 8,5, grösse Breite 26,5 mm von der Basis; Abstand des Nodus von der Basis 20,5, des Pterostigma 33 mm. Die Subcosta überragt den Nodus um 3,5 mm. Arculus 5 mm, die Wurzel des Sector medius 15 mm von der Basis entfernt. Ende des S. subnodalis 7 mm, des S. medius 15.5 mm vor der Flügelspitze. Das Dreieck beginnt 5 mm hinter dem Arculus, die vordere Seite ist 2,5, die innere wenig mehr als 3 mm lang. Der Sector trigonalis superior endet dem Nodus gegenüber, der S. trig. infer. 3 mm früher. Das Randfeld ist zwischen den beiden stärkeren Queradern 1,5 mm breit und mit 3—4 Reihen kleiner polygonaler Zellen ausgefüllt, die sich nach dem Nodus hin in zwei Reihen von je 32 fast rechteckigen Zellen auflösen.

---

*) Fauna der Vorwelt. II, 1. 1856. S. 286.
**) Quart. Journ. Geol. Soc. London X. 1854. p. 387, 394. Pl. XV. Fig. 5.
***) History of fossil insects. 1845. p. 33, 119. Pl. V. Fig. 10.
†) Geolog. Magaz. New ser. Dec. III. Vol. I. London 1884. p. 337. Pl. XI. Fig. 1.

In dem Felde zwischen der Subcosta und Mediana zählen wir 41 gerade Queradern, in dem dahinter liegenden ebensoviel in etwas kürzeren Abständen, im Spitzenrandfelde über der Verlängerung der Subcosta zwei Reihen von je 9 fünfeckigen, darunter 7 viereckige Zellen, denen 7 in drei und 19 in zwei Reihen geordnete, sowie 15 viereckige bis zum Pterostigma, 19 hinter demselben folgen. Dieses selbst wird von 5 Queradern durchsetzt. Im zweiten Spitzenrandfelde sind die ersten 3,5 mm zellenfrei, dann folgt eine Doppelreihe pentagonaler Zellen von ähnlicher Grösse wie im vorliegenden Felde. Zwischen dem Sector principalis, dessen Zweigen und dem S. brevis stehen bis unter dem Nodus gerade Queradern in annähernd den gleichen Abständen wie vor dem Ersteren. In allen diesen Feldern nehmen vom Nodus an die Zellen an Grösse ab, die Zahl ihrer Reihen zu und ist das Zellennetz längs des Hinterrandes so ausserordentlich dicht, dass z. B. zwischen dem Sector medius und dem S. subnodalis am Rande auf eine Länge von 8,5 mm mehr als 30 solcher Zellenreihen enden. Aehnlich dicht ist auch das Geäder des Discoidalfeldes. Das Spatium basilare wird durch 8, das Sp. medianum durch 21 und das trapezförmige Feld vor dem Dreieck durch 15 Queradern getheilt. Im Dreieck liegen längs des Innenrandes 7, längs des Aussenrandes 10 fünfeckige Zellen, zwischen welche sich am Vorderrande noch 5 weitere einschieben.

Hinterflügel: Länge 45 mm, Breite in einer Entfernung von 8 mm von der Basis 15 mm, am Nodus 14, am Ende des Pterostigma 8,5 mm. Der Nodus liegt 19,5 mm von der Flügelwurzel, der Arculus 5 mm; das Dreieck beginnt 4,5 mm von diesem, seine Vorderseite ist wenig mehr als 2 mm, die innere 3,5 mm lang, in demselben bilden 19 Zellen eine Doppelreihe. Die Basalzelle wird durch 7, die Mittelzelle durch 19, das Feld über dem Dreieck durch 15 Queradern getheilt. Das Pterostigma hat dieselbe Lage und Grösse wie im Vorderflügel und enthält 7 Queradern. Das Zwischengeäder der äusseren Flügelhälfte ist in der Zeichnung nicht ausgeführt, weil es dem des Vorderflügels analog gebildet ist. Im Analfelde enden zwischen der Basis und dem Sector trigonalis inferior mehr als 50 Zellenreihen am Rande.

Kopf und **Thorax** sind undeutlich, zusammen ca. 17 cm lang.

Der **Leib** ist 37 mm lang, bis zur Mitte des fünften Gliedes 6 mm, von da an bis zum Anfang des zehnten nur 4,5 mm breit, das Endsegment ist trapezförmig. Glied 1 hat eine Länge von 1,5 mm, 2, 3, 7 und 8 von je 4 mm, 4, 5 und 6 von je 4,75 mm, Glied 9 und 10 sind zusammen 5 mm lang. Die Legescheide überragt das Afterende um 8,5 mm, ihre grösste Breite beträgt wenig mehr als 1 mm.

Die Münchener Sammlung besitzt von dieser Art zwei mit HAGEN's eigenhändiger Bezeichnung versehene Exemplare; von diesen ist das eine (Nr. 81) unvollständig und besteht nur aus den Flügeln mit ausgezeichnet erhaltenem Geäder, das zweite ist ein nur wenig kleineres Weibchen als das unsere, mit langer Legeröhre. Beide stimmen im Flügelgeäder und dem Bau des Hinterleibes so vollständig mit dem unseren überein, dass eine Verwechselung der hier beschriebenen Art mit einer der anderen von HAGEN benannten ausgeschlossen ist.

2. *E. gigantea* MUENST. sp. Taf. III. Fig. 1—3.

1837. *Aeschna gigantea* MUENST. in GERMAR, Nov. Act. Ac. C. Leop. XIX. S. 216. Taf. XXIII. Fig. 14 (nicht 13. 14a).

1848. *Anax giganteus.* HAGEN, Stettiner Entomol. Zeitung. IX. S. 10.

1850. *Anax giganteus* (ex parte). Selys-Longchamps, Revue des Odonates. p. 361.

1856. *Aeschna gigantea.* GIEBEL, Fauna der Vorwelt. II, 1. S. 279.
1862. *Petalura gigantea* und *eximia.* HAGEN, Palaeont. X. S. 107.
Anax giganteus. Ib. S. 142.
1869. *Petalura latialata* und *eximia.* WEYENBERGH, Arch. Mus. Teyler. T. II. p. 251.

GERMAR hat, wie HAGEN nachgewiesen, unter dem Namen *Aeschna gigantea* drei verschiedene Arten beschrieben, von denen die eine (GERMAR, l. c. Taf. XXIII. Fig. 14a) zu *Isophlebia Aspasia* gehört, während die beiden anderen, schon von MUENSTER als verschieden erkannten und als *Aeschna gigantea* und *intermedia* getrennten Arten hier als *Estemoa gigantea* (GERMAR, l. c. Taf. XXIII. Fig. 14) und *Cordulegaster? intermedius* (GERMAR'S Taf. XXIII. Fig. 13) beschrieben sind. Der Güte des Herrn Prof. Dr. VON ZITTEL verdankten wir die Erlaubniss, die in der Münchener Staatssammlung aufbewahrten Typen GERMAR'S untersuchen zu dürfen, und ist auf unserer Taf. III. Fig. 1 das Originalexemplar zu MUENSTER'S *Aeschna gigantea* nochmals abgebildet. Der Erhaltungszustand der Type ist ungünstig, das Flügelgeäder undeutlich, nur die Hauptadern treten schärfer hervor, das Hinterleibsende ist nicht spitzconisch, wie GERMAR angiebt, sondern gerundet und in eine lange Legeröhre verlängert.

Die **Körperlänge** beträgt bis zur Abdominalspitze 84 mm, der Leib ist 60 mm lang, die Legescheide ragt 15 mm über denselben hinaus. Länge der **Vorderflügel** 91 mm, Breite derselben an der Basis 7, hinter dem Nodus 19 mm. Der Nodus liegt 45 mm, der Arculus 11 mm, die Aussenecke des Dreiecks 25 mm, der Ursprung des Sector medius 32 mm von der Basis. Die Vorderseite des Dreiecks hat eine Länge von 5 mm, die Innenseite von 5,5 mm. Der Sector medius endet 31 mm, der S. nodalis 12 mm vor der Spitze. **Hinterflügel:** Länge 88 mm, Breite kurz hinter der Basis 26, am Nodus 23, am Ende des Sector nodalis 13 mm. Der Nodus ist 41, der Arculus 11, die vordere Innenecke des Dreiecks 19 mm von der Flügelwurzel entfernt. Die Vorderseite des Dreiecks hat eine Länge von 4,5 mm, die Innenseite von 6 mm. Der Sector medius entspringt aus dem S. principalis 28 mm von der Basis entfernt und endet 31, der S. nodalis 20 mm vor der Spitze, der S. trig. superior dem Nodus gegenüber. Vom Zwischengeäder treten nur die supplementären Sectoren im Discoidalfelde und dem Felde zwischen dem S. medius und dem S. subnodalis, sowie die bogigen Adern im Hinterrandfelde der Hinterflügel mit zwischenliegenden schmalen Zellenreihen in analoger Weise wie bei *Estemoa densa* hervor. Die Subcosta ist in allen Flügeln über den Nodus hinaus verlängert, die Postcosta mit der vorderen Innenecke des Dreiecks verbunden.

Form und Stellung der Dreiecke in den Flügeln, der Verlauf der Postcosta, die Verlängerung der Subcosta über den Nodus hinaus, das Geäder im Analfelde der Hinterflügel, der kurze Leib, die lange Legescheide des Weibchens rechtfertigen eine Vereinigung der Art mit *Estemoa*.

Von *Estemoa densa* unterscheidet sie sich durch relativ schmälere Flügel und bedeutendere Körpergrösse.

Die Dresdener Sammlung besitzt ausser einem undeutlichen weiblichen Exemplare von denselben Dimensionen wie GERMAR'S Type noch ein kleineres männliches, welches sich durch die Form des Hinterleibes und das Fehlen der Legeröhre von jenem unterscheidet. Die Körperlänge beträgt ohne den Kopf, welcher abgerissen ist, 70 mm, die Flügelspannung ca. 160 mm. Der Leib (vergl. Taf. III. Fig. 2) ist 56 mm lang, an der Basis 5,5 mm breit, bis zur Mitte des fünften Gliedes auf 3 mm verschmälert, bis zum neunten Glied wieder auf 5 mm verbreitert. Glied 1 hat eine Länge von 1,5 mm, Glied 2 von 4 mm,

Glied 3 und 7 von je 6,5, Glied 4 von 7,5 mm, 5 und 6 von je 9 mm, 8 von nur 6 mm, Glied 9 und 10 von 3,5, bez. 3 mm.

Mit dem Namen *Petalura eximia* bezeichnet HAGEN*) drei Exemplare der Münchener Sammlung, welche seiner *Petalura gigantea* nahestehen, sich aber durch Fehlen der Legeröhre des Weibchens unterscheiden sollen. Ein Vergleich mit den drei, HAGEN'S eigenhändige Bezeichnung tragenden Platten (Nr. 16, 17 und 18) jener Sammlung hat uns von der Selbstständigkeit dieser Art nicht überzeugen können, vielmehr glauben wir dieselben nur als kleinere Individuen von *Eschna gigantea* ansprechen zu dürfen; die Bemerkung HAGEN'S, dass dem Weibchen die Legeröhre fehle, scheint auf einer Verwechselung zu beruhen, da die beiden weiblichen Individuen (Nr. 17 u. 18) deutliche Legescheiden tragen; in Fig. 3 unserer Tafel III ist das Abdomen des einen (Nr. 18) in natürlicher Grösse abgebildet.

Subfam. Gomphina.

Protolindenia nov. gen.

πρῶτος; *Lindenia* SELYS.

Augen weit getrennt; **Hinterleib** des Männchens breit, cylindrisch, des Weibchens schlanker, nach der Basis und Spitze zu mässig verdickt; obere **Anhänge** des Männchens lanzettlich, so lang als das 8. und 9. Glied, der untere Appendix halbkreisförmig, kürzer als das 10. Glied; **Flügel**: Analrand der Hinterflügel in beiden Geschlechtern wenig verschieden gerundet; Pterostigma lang, die innere Begrenzungsader nicht bis zum Sector principalis verlängert; Arculus gebrochen, die Sectoren aus der Mitte mit getrennten, geraden Wurzeln entspringend; Basalzelle leer, Mittelzelle und Feldchen über dem Dreieck getheilt; Dreieck des Vorderflügels schief gestellt, fast rechtwinkelig, die vordere Seite länger als die innere, in 4—5 Zellen, das innere Dreieck in 3 Zellen getheilt; Dreieck des Hinterflügels länger, durch 1—2 der Innenseite parallele Adern getheilt, inneres Dreieck leer; im Vorderflügel ca. 20, im Hinterflügel 16 Antecubitales, 15—17 Postcubitales, 3 Discoidalreihen.

Pr. Wittei GIEBEL sp. Taf. IV. Fig. 1, 2, 9 und 10.

1860. *Aeschna Wittei*, GIEBEL, Zeitschr. f. d. ges. Naturwissensch. Bd. XVI. S. 127. Taf. I. Fig. 1.
1862. *Petalura ? Wittei*. HAGEN, Palaeont. X. S. 107, 133. Taf. XIII. Fig. 3.
1869. *Petalura Münsteri* (ex parte). WEYENBERGH, Arch. Mus. Teyler. T. II. p. 251.

	Mas.		Fem.	
Gesammtlänge (ohne App.)	62 — 71	mm	68	mm.
Länge des Abdomens (ohne App.)	43 — 51	„	52	„
„ der ob. Appendices	5 — 6	„	—	„
„ „ Vorderflügel	43,5— 48	„	43	„
„ „ Hinterflügel	42,5— 46	„	42	„
Grösste Breite der Vorderflügel	9,5— 10	„	9,5	„
„ „ „ Hinterflügel	13 — 13,5	„	13,5	„
Spannung der Vorderflügel	94 —103	„	92	„

*) Palaeont. X. 1862. S. 107.

Der **Kopf** ist wenig breiter als lang, die grossen ovalen Augen stehen auf dem Scheitel weit getrennt und divergiren unter spitzem Winkel, ihre Entfernung am Vorderrande beträgt nahezu das Dreifache der am Occiput, der vor den Augen liegende Kopfabschnitt ist nur wenig kürzer als der hintere Theil; Epistom und Oberlippe breit gerundet.

Der kräftige **Thorax** ist um die Hälfte länger als breit.

Der **Hinterleib** nimmt fast drei Viertel der Körperlänge ein, der des Männchens ist breiter, cylindrisch, an der Basis kaum erweitert, an einzelnen Exemplaren am zweiten Gliede seitlich comprimirt, Glied 3—7 sind die längsten, unter sich wenig verschieden, fast doppelt so lang als breit, Glied 2 kürzer, 8 und 9 zusammen dem siebenten an Länge gleich, 1 und 10 die kürzesten. Die oberen Appendices sind von lanzettlicher Gestalt, am Aussenrande gerade, am Innenrande convex, zugespitzt, unten längs der Mitte gefurcht und ziemlich so lang als Glied 8 und 9 zusammen. Der halbkreisförmige untere Appendix ist kürzer als das letzte Glied.*) Der Leib des Weibchens ist schlanker, von der Basis bis zum vierten Gliede allmählich verschmälert, nach der Spitze hin wieder verbreitert. Die Länge der einzelnen Segmente ist dieselbe wie beim Männchen.

Die **Vorderflügel** reichen bis zum Anfang des achten Hinterleibsgliedes, sind fünf Mal so lang als breit, kurz vor dem Nodus am breitesten, der Vorderrand ist fast gerade, nur am Nodus leicht eingebogen, der Hinterrand flach gerundet, die elliptische Spitze liegt diesem nahe, der Nodus dicht hinter der Mitte. Die Costa biegt sich flach nach aussen, die Subcosta verläuft fast gerade, das Randfeld bis zum Nodus wird durch 21 Queradern, von denen die erste und siebente sich bis zur Mediana verlängern, getheilt. Diese läuft der Subcosta nahe und parallel, die Queradern zwischen beiden alterniren mit denen des Randfeldes. Hinter dem Nodus nähert sich die Mediana allmählich dem Rande, das Pterostigma beginnt im vierten Fünftel der Flügellänge, ist sieben Mal so lang als breit, innen und aussen schief begrenzt, die innere Begrenzungsader nicht bis zum Sector principalis verlängert. Unter dem Pterostigma verstärkt sich die Mediana. Im Spitzenrandfelde stehen bis zum Pterostigma 15 Queradern, hinter demselben mindestens noch 9. Der gebrochene Arculus liegt im ersten Neuntel der Länge, die Basalzelle ist leer. Der Sector principalis krümmt sich hinter dem Nodus flacher als die Mediana, das zweite Randfeld ist daher Anfangs breiter als unter dem Flügelmal. Die Queradern in dem Felde zwischen dem Sector principalis und der Mediana stehen bis zum Nodus in weiteren Abständen als im davorliegenden, hinter dem Nodus alterniren sie mit den Postcubitales, unter dem Pterostigma liegen 5 Zellen. Der Sector nodalis entfernt sich vom S. principalis Anfangs allmählich, vor Beginn des Pterostigma schneller und geht in scharfer, gleichmässiger Krümmung dem Ende desselben gegenüber zum Hinterrande. Ein stärkerer, mittlerer supplementärer Sector in dem Felde zwischen beiden beginnt schon vor dem Flügelmal, hierzu treten am Rande noch mehrere kürzere, das Zellennetz besteht bis zu dem ersten Zwischensector aus einer, dann aus zwei Zellenreihen, die sich bald in mehr Reihen kleinerer Zellen auflösen, deren am Rande zwischen den kurzen Sectoren 11—13 enden. Der S. subnodalis entspringt dicht hinter dem S. medius aus zwei Wurzeln und läuft dem S. nodalis parallel, zwischen beiden liegt eine, am Rande zwei kurze Zellenreihen. Der S. medius zweigt von S. principalis dem Nodus näher als dem Arculus ab und geht im flachen Bogen, vor dem Ende merklich nach innen geschwungen, zum Rande, im dritten Viertel der Flügellänge. Das

*) Ein ähnlich langer mittlerer Appendix, wie ihn HAGEN darstellt, findet sich an keinem unserer Exemplare.

dreieckige Feld zwischen diesem Sector und dem S. subnodalis enthält bis unter den Nodus eine Zellenreihe, die sich dann in ähnlicher Weise in mehrere Reihen auflöst, wie in dem Felde zwischen dem S. nodalis und S. principalis, drei kurze Zwischensectoren treten auch hier am Rande auf. Der Sector brevis geht aus dem Arculus neben dem S. principalis hervor, ist dem S. medius parallel und von ihm durch eine Zellenreihe getrennt, die sich kurz vor dem Ende in zwei spaltet. Die Spitze des Dreiecks liegt vom Arculus so weit als dieser von der Basis entfernt, der Anfang desselben kurz vor der Mitte zwischen beiden. Die vordere Seite des Dreiecks ist nur wenig kürzer als die äussere, die innere die kürzeste, der vordere Innenwinkel fast ein rechter. Der Inhalt des Dreiecks besteht aus 4—5 Zellen, das Feldchen über demselben enthält 3 Zellen*). Die Postcosta gabelt unter dem Arculus, das Spatium medianum wird durch vier Queradern, das innere Dreieck durch 3 von der Mitte aus nach den Seiten gehende in 3 Zellen getheilt. Der Sector trigonalis superior verläuft fast gerade, sein Ende liegt weiter von der Basis entfernt als der Nodus, der S. trig. inferior geht ihm bis kurz vor dem Rande parallel und ist dann schärfer rückwärts gekrümmt. Das Feld zwischen beiden enthält bis zur Erweiterung eine Zellenreihe, im verbreiterten Theile ein dichteres unregelmässigeres Zellennetz, das nach aussen kaum verbreiterte Discoidalfeld hinter dem Dreieck einige in zwei Reihen, dann bis zur Mitte in 3 Zeilen geordnete grössere Zellen, das Geäder der äusseren Hälfte gleicht dem der nach der Spitze zu liegenden Felder. Im Analfelde unter der Postcosta stehen bis zum Dreieck zwei Reihen grösserer fünfeckiger Zellen, hinter dem S. trig. inferior kleine Zellen, die sich dreizeilig zwischen mehreren Gabelästen desselben ordnen.

Die **Hinterflügel** sind 3¹/₂ Mal so lang als breit, kürzer und breiter als die Vorderflügel, der Vorderrand und die Spitze wie in jenen geformt. Der Analrand ist bei beiden Geschlechtern wenig verschieden, gerundet, beim Männchen kaum gebuchtet, der Hinterrand bis zum Nodus flach convex, in der äusseren Hälfte gerade, die grösste Breite liegt vor dem Nodus, dieser vor der Mitte. Die Krümmung der Costa nach aussen ist flacher als im Vorderflügel, das Randfeld daher schmäler. Der Verlauf der Hauptadern gleicht dem der Vorderflügel, Pterostigma und Arculus haben dieselbe Lage wie in jenen. Das Dreieck beginnt früher, dem Arculus näher als vorn, ist verhältnissmässig länger und schmäler und durch 1—2 der Innenseite parallele Adern getheilt, das innere Dreieck kleiner und leer, das Spatium medianum enthält mindestens 3 Zellen. Im Hinterrandfelde liegen hinter der Postcosta zwischen mehreren von derselben ausgehenden parallelen Adern grössere, am Rande kleinere Zellen, hinter dem S. trig. inferior zwischen den Gabelästen desselben kleinere, in unregelmässigeren Reihen geordnete.

Die **Beine** scheinen lang zu sein. —

Die Bildung der Flügeldreiecke durch den vorderen Ast der Submediana, die gleiche Form und Stellung derselben in den Vorder- und Hinterflügeln, die mässig-grossen, vollständig getrennten Augen verweisen die fossile Art zu den Gomphinen. Mit der Legion Gomphus lässt sie sich nicht vergleichen, weil bei dieser alle Dreiecke leer sind, ebensowenig mit Chlorogomphus und Cordulegaster, weil bei der ersteren die Basalzelle getheilt ist, bei letzterer sich die Augen auf dem Scheitel berühren. Es können daher nur die Legionen Gomphoides, Lindenia und Petalura in Betracht kommen. Kopf, Thorax und Beine sind zu unvollständig bekannt, um einen sicheren Anhalt bei der Feststellung der Beziehungen zu den lebenden Gattungen zu geben, die geringe Divergenz der Augen würde für die beiden erstgenannten Legionen sprechen,

*) Nach Exemplaren der Münchener Sammlung.

der breite Hinterleib des Männchens, sowie der geringe Unterschied in der Form des Analrandes der Hinterflügel in beiden Geschlechtern für die Legion Petalura. Die Form der oberen Appendices weicht von der der Gomphinen überhaupt ab und lässt sich eher mit der der Aeschninen vergleichen. Wichtigere Anhaltspunkte bietet das Flügelgeäder, namentlich die Form und Stellung der Dreiecke im Vorderflügel und die Länge des Pterostigma. Während bei der Legion Petalura die vordere Dreiecksseite die kürzeste, der vordere Innenwinkel grösser als 90° ist, das Dreieck senkrecht zur Längsaxe des Flügels steht, ist bei der fossilen Art die innere Seite die kürzeste, der Innenwinkel kleiner als 90° und das Dreieck zur Axe geneigt, wie in der Legion Gomphoides bei *Zonophora* und *Hagenius*, in Lindenia bei *Diastatomma*, *Ictinus*. Das Pterostigma ist bei Petalura viel länger. Eine ähnliche Theilung des Dreiecks der Vorderflügel findet sich in der Legion Lindenia (*Diastatomma*, *Ictinus*), des inneren Dreiecks in derselben (*Diastatomma*, *Lindenia*, *Cacus*) und allgemein in der Legion Petalura, dagegen nicht bei Gomphoides, ein gebrochener Arculus bei allen Gattungen der L. Petalura und als Ausnahme bei *Hagenius* in der L. Gomphoides, eine entsprechende Zahl der Queradern in der Mittelzelle in der L. Lindenia (*Diastatomma*), während bei Petalura und Gomphoides diese Zelle höchstens durch eine Ader getheilt wird. Das Feldchen über dem Dreieck ist bei den die L. Petalura bildenden Gattungen leer, bei einzelnen Gattungen der beiden anderen Legionen oft durch mehr als eine Ader getheilt.

Wenn die Form und Stellung der Dreiecke im Vorderflügel und die Länge des Pterostigma als wichtigste Unterschiede aufgefasst werden, kann die fossile Art mit der Legion Petalura nicht vereinigt werden, da diese gerade durch die Bildung der Dreiecke und das sehr lange Pterostigma eine von den übrigen Gomphinen gesonderte Stellung einnimmt. Die Art der Theilung der Dreiecke des Vorderflügels und die grosse Zahl der Zellen im Spatium medianum weisen auf eine Verwandtschaft mit *Diastatomma* in der Legion Lindenia hin und würde wohl die fossile Art an die Spitze dieser Legion vor jene Gattung zu stellen sein, da die Gattungen *Zonophora* und *Hagenius*, mit denen sie in der Bildung der Dreiecke und des Arculus verwandt ist, am Ende der L. Gomphoides eingereiht sind. Als selbstständige Gattung wird sie schon durch die Gestalt des Hinterleibes und der Appendices anales charakterisirt. —

Durch die freundliche Unterstützung des Herrn Prof. Dr. von Koenen wurden wir in den Stand gesetzt, das in der Universitätssammlung zu Göttingen aufbewahrte Original zu Giebel's *Aeschna Wittei* untersuchen zu können. Die vorzügliche Erhaltung des Flügelgeäders der Type und einige Unrichtigkeiten in der Darstellung derselben durch Giebel haben uns zu einer nochmaligen Abbildung eines Theiles derselben (Taf. IV. Fig. 2) veranlasst. Die Appendices runden sich nicht, wie Giebel angiebt, an der Spitze zu, sondern sind zugespitzt, die Zahl der Ante- und Postcubitales ist geringer, die Dreiecke sind in sämmtlichen Flügeln deutlich getrennt, das vordere innere Dreieck enthält nur drei, nicht 4 Zellen, das Pterostigma keine Queradern. Das Thier ist ein Männchen, der Hinterleib 51 mm, die Appendices 6 mm lang. Der 48 mm lange Vorderflügel hat eine grösste Breite von 10 mm. Der Nodus liegt 25 mm, das 5 mm lange Pterostigma 38,5 mm, der Arculus 5,5 mm, die Dreiecksspitze 11 mm von der Basis entfernt. Die vordere Dreiecksseite hat eine Länge von 4, die äussere von 4,5, die innere von 2,5 mm, der S. nodalis endet 4,5, der S. medius 12, der S. trig. superior 20 mm vor der Flügelspitze. 21 Antecubitales, 15 Postcubitales bis zum Pterostigma, 9 dahinter. Der Hinterflügel ist 46 mm lang, kurz vor dem Nodus 13,5 mm breit. Nodus 20 mm, Pterostigma 36 mm, Arculus 5, Spitze des Dreiecks 9 mm von der Basis. Die äussere Seite desselben hat eine Länge von 4, die innere von

2 mm. Das Ende des S. nodalis befindet sich 4,5, des S. medius 14,5, des S. trig. superior 23 mm vor der Spitze. 15 Antecubitales, 17 Postcubitales.

Das auf Taf. IV. Fig. 10 abgebildete Exemplar der Dresdener Sammlung ist ein Männchen von 68 mm Länge, der Hinterleib hat eine Länge von 49 mm, die oberen Appendices von 5,5 mm. Glied 1 ist 1,5 mm, Glied 2 5,0 mm, Glied 3—6 je 7 mm, Glied 7 nur 6 mm, 8 und 9 je 3,5 und 3,0 mm, Glied 10 nur 2 mm lang, die durchschnittliche Breite der einzelnen Glieder beträgt 4,5 mm. Die männlichen Genitalien am zweiten Gliede sind in Form einer länglichen, birnförmigen Grube angedeutet.

Das einzige Exemplar mit deutlicheren Resten des Kopfes ist ein Männchen von nur 62 mm Länge (Taf. IV. Fig. 9). Der Kopf ist 8 mm lang, 9 mm breit, die Augen 5 mm lang, ihr vorderer Abstand beträgt wenig über 5 mm.

Als Weibchen dieser Art betrachten wir das auf Taf. IV. Fig. 1 dargestellte und als *Aeschna Münsteri* bezeichnete Exemplar der Münchener Sammlung (Nr. 49), welches sich durch den schlankeren, etwas längeren Leib von den übrigen unterscheidet. Bei einer Gesammtlänge von 68 mm misst der Hinterleib 62 mm, das erste Glied 2 mm, das zweite 3,5 mm, Glied 3—6 je 7,5 mm, das siebente ziemlich 7 mm, das achte nur 5 mm, das neunte 3 mm. Das Endsegment mit den Appendices ist undeutlich. Die Breite beträgt an der Basis und am 8. Segmente 4 mm, am vierten nur 2,5 mm. Das Flügelgeäder stimmt mit dem der übrigen, von uns als *Protolindenia Wittei* bezeichneten Stücke überein.

HAGEN hat diese Art mit *Aeschna Schmideli* GEB., *Aeschna antiqua* VAN DER LINDEN und *Aeschna Münsteri* GERM. zu einer Art unter dem Namen *Petalura? Münsteri* vereinigt (Palaeont. X. 1862. S. 107). Die Type zu GERMAR's *Aeschna Münsteri**) in der Münchener Sammlung ist keineswegs so deutlich, dass sich mit Bestimmtheit die Identität mit *Pr. Wittei* GIEB. sp. feststellen liesse, da weder die charakteristische Form des Hinterleibes und der Appendices, noch die letzterer Art eigenthümlichen Merkmale im Flügelgeäder sich bei jener nachweisen lassen. An der Type glauben wir Folgendes zu sehen: Das Thier hat ungefähr eine Länge von 78 mm, Kopf und Thorax sind undeutlich. Der etwa 57 mm lange Hinterleib verschmälert sich von einer Breite von 4,5 mm an der Basis bis auf ca. 3 mm in der Mitte und nimmt dann wieder bis auf 4 mm am Afterende zu. Zwei Appendices von ziemlich 6 mm Länge sind angedeutet, aussen scheinen dieselben convex gekrümmt und nach der Spitze zu erweitert zu sein. Form und Grösse der Vorderflügel lässt sich kaum noch ermitteln. Ihre Länge beträgt ungefähr 50 mm, die Entfernung des Nodus von der Basis 24 mm, des Arculus 7, der Dreiecksspitze 13 mm, der Wurzel des S. subnodalis etwa 22 mm und dessen Ende 40 mm. Wenig besser erhalten sind die Hinterflügel, die eine Länge von 48 mm und am Nodus, 22 mm vom Flügelgrunde, eine grösste Breite von 13,5 mm erreichen. Der Vorderrand ist gerade, die Spitze elliptisch. Das 6 mm lange Pterostigma beginnt 15 mm hinter dem Nodus. Der flachgebogen zum Rande gehende S. nodalis endet 7 mm vor der Spitze. Der S. medius zweigt 17 mm von der Basis vom S. principalis ab und endet 27 mm vor der Spitze, der S. trig. superior dem Nodus gegenüber. Arculus und Dreiecksspitze sind 6, bez. 11 mm von der Flügelwurzel entfernt.

Die Form des Abdomens und der Verlauf einzelner Hauptadern würde eher für eine Vereinigung mit *Uropetala Köhleri* als mit *Protolindenia Wittei* sprechen.

---

*) Nov. Act. Ac. C. Leop. XIX. S. 215. Taf. XXIII. Fig. 12.

Zu welcher der beiden Arten *Aeschna Schmideli* GIEB.*) gehört, lässt sich ohne Vergleich der Type nicht entscheiden, ebenso wenig wie *Aeschna antiqua* VAN DER LINDEN.**) Wenn die in der Abbildung gezeichneten Adern richtig sind, würde sich letztere Art wegen der Form des vom S. subnodalis und S. medius begrenzten Feldes, das sich vom Nodus an sehr schnell verbreitert, und wegen des schlanken Hinterleibes an *Uropetala Köhleri* anschliessen.

Stenophlebia HAGEN 1866.

Die uns vorliegenden Exemplare gestatten der Beschreibung HAGEN'S nur wenig Neues hinzuzufügen. Kopf und Thorax sind meist undeutlich, während der Hinterleib bisweilen vortrefflich erhalten und dann so gebaut ist, wie ihn HAGEN dargestellt hat.

Die **Beine** zeigt das auf Taf. IV. Fig. 8 z. Th. abgebildete Exemplar von *Stenophlebia aequalis*. Das hintere Paar ist das längste, das vordere das kürzeste. Die Schenkel sind nach aussen wenig verschmälert, leicht nach innen gekrümmt, kantig, am Innenrande scharf gezähnt, die schmalen Schienen nach aussen gebogen und innen mit einer Reihe kurzer, ziemlich dicht stehender Dornen besetzt. Schienen und Tarsen haben zusammen die Länge der Schenkel, die Tarsen den dritten Theil der Schienenlänge. Das Basalglied ist sehr klein, die beiden anderen sind länger und unter sich gleich, die Haken sichelförmig gekrümmt.

Die langen, schmalen **Flügel** verbreitern sich von der Basis allmählich bis zur Mitte und bleiben dann bis zur Spitze fast gleichbreit. Im Geäder ist namentlich die Gegend um den Nodus in vieler Hinsicht bemerkenswerth. Während gewöhnlich das zweite Randfeld am Nodus aufhört, verlängert es sich hier mit spitzem Ende über denselben hinaus, indem sich die Subcosta nach hinten umbiegt, die Mediana kreuzt und erst am Sector principalis endet. Der Sector nodalis bildet nicht ihre Verlängerung, sondern entspringt aus dem S. principalis früher, der Basis näher, dem Nodus gegenüber. Hierzu kommt bisweilen noch eine kurze supplementäre Ader, die die scheinbare Verlängerung der Subcosta bis zum S. nodalis bildet, wodurch unter dem S. principalis eine dreieckige Zelle abgetrennt wird. Durch diese Eigenthümlichkeit unterscheiden sich die Flügel der Stenophlebien sofort von denen der anderen im lithographischen Schiefer vertretenen Gattungen.

Nach HAGEN ist *Stenophlebia* zu den Gomphinen zu stellen, weil die Augen am Scheitel getrennt, die Flügeldreiecke gebildet und die Vorder- und Hinterflügel in Form und Bau fast gleich sind. Die der Division Fissilabiées eingereihten Gattungen können mit der fossilen nicht verglichen werden, weil die Unterlippe nicht gespalten, vielmehr nur wenig ausgerandet ist. Die nächsten Verwandten sind demnach bei den Intégrilabiées zu suchen und zwar wegen der Queradern im Flügeldreieck bei der durch die Legionen Gomphoides und Lindenia gebildeten Subdivision; da sich diese aber durch das Fehlen der Queradern in der Basalzelle wesentlich unterscheiden und dieses Merkmal nur bei der ersten Subdivision der Fissilabiées, bei *Chlorogomphus* wiederkehrt, mit welcher *Stenophlebia* ausserdem den Mangel eines inneren Dreiecks und die Schiefe und Kleinheit des Flügeldreiecks gemeinsam hat, stellt HAGEN sie als Typus einer besonderen Legion zwischen beide ans Ende der Intégrilabiées.

*) SCHMIDEL, Fortges. Vorstell. einiger merkwürd. Verstein. Nürnberg 1782. p. 38. Tab. XIX. Fig. 2. — GIEBEL, Fauna der Vorwelt. II, 1. 1856. S. 278.

**) VAN DER LINDEN, Mém. Acad. Bruxelles. 1826. T. IV. p. 248. Pl. . . .

HAGEN hat 3 Arten unterschieden, die aber wegen der zahlreichen Uebergänge und der nicht immer constanten Speciescharaktere schwierig auseinander zu halten sind. Am leichtesten ist zu erkennen:

1. *St. Amphitrite* HAGEN.

1862. *Heterophlebia Amphitrite.* HAGEN. Paläontogr. X. S. 105.
1866. *Stenophlebia Amphitrite.* HAGEN. Paläont. XV. S. 83. Taf. XIII. Fig. 1.
1869. *Heterophlebia Amphitrite.* WEYENBERGH, Arch. Mus. Teyler. T. II. p. 250.

Ausser der bedeutenden Grösse giebt HAGEN noch folgende Unterschiede von den anderen Arten an:

Die Flügel sind relativ grösser — sie erreichen fast die Hinterleibsspitze — und im Spitzentheil schmäler, da die äussere Hälfte des Hinterrandes leicht ausgeschweift ist; die Antecubitales sind zahlreicher und stehen dichter gedrängt; der Sector subnodalis gabelt regelmässig, seine Wurzel liegt der des S. medius näher als bei den anderen beiden Arten; die supplementäre Ader in der Verlängerung der Subcosta ist stets vorhanden; das Flügeldreieck ist weniger spitz und schräg gestellt.

Die Untersuchung der *Stenophlebia*-Arten der Dresdener Sammlung hat Folgendes ergeben: die hiesigen Exemplare von *Stenophlebia Amphitrite* überschreiten noch die von HAGEN gegebenen Grenzen der Gesammtlänge (100—107 mm), da drei derselben eine Grösse von 117 mm, das kleinste von nur 96 mm erreicht. Der von HAGEN angeführte Unterschied in der Flügellänge gilt nur zwischen *St. Amphitrite* und *St. aequalis*, weil die Flügel bei *St. Phryne* auch die Hinterleibsspitze erreichen. Die Unterschiede in der Zahl der Ante- und Postcubitales, sowie in der Form der Flügel finden sich auch an unseren Exemplaren wieder, dagegen scheint die Entfernung der Wurzeln des S. subnodalis und S. medius nicht constant zu sein, da bei einzelnen Exemplaren von *St. aequalis* und *Phryne* die Anfänge beider Sectoren relativ ebenso nahe bei einander liegen als bei normalen Exemplaren von *St. Amphitrite*. Eine Gabelung des Sector subnodalis ist als Ausnahme von uns auch an einem Stücke von *St. aequalis* beobachtet worden. Dass eine dreieckige Zelle am Nodus unter dem S. principalis bisweilen auch bei den anderen Stenophlebia-Arten vorkommen kann, hat schon HAGEN hervorgehoben.

Viel schwieriger sind von einander die beiden anderen Arten zu trennen:

2. *St. aequalis* HAGEN.

1862. *Heterophlebia aequalis.* HAGEN, Paläont. X. S. 105, 121. Taf. XIII. Fig. 4—6.
1866. *Stenophlebia aequalis.* HAGEN, Paläont. XV. S. 86. Taf. XI. Fig. 2—4.
1869. *Heterophlebia aequalis.* WEYENBERGH, Arch. Mus. Teyler. T. II. p. 250.
1885. *Stenophlebia aequalis.* SCUDDER in ZITTEL, Handb. d. Paläont. I. Abth. II. Bd. S. 775. Fig. 977.

und

3. *St. Phryne* HAGEN.

1862. *Heterophlebia Phryne.* HAGEN. Paläont. X. S. 105.
1866. *Stenophlebia Phryne.* HAGEN. Paläont. XV. S. 91. Taf. XI. Fig. V.
1869. *Heterophlebia Phryne.* WEYENBERGH, Arch. Mus. Teyler. T. II. p. 250.

Die Grössenunterschiede zwischen beiden Arten genügen nicht allein zu ihrer Trennung. Wenn auch im Allgemeinen die erstere die grössere ist, so giebt es doch zahlreiche Uebergänge, die die Grenze zwischen beiden schwer ziehen lassen. So ist das grösste der sechs hier zu *Stenophlebia aequalis* gerechneten Thiere 89 mm lang, das kleinste, ein Weibchen, dessen breiter Hinterleib und nur bis ans 8. Segment reichende Flügel auf diese Art hinweisen, nur 82 mm lang, während die Totallänge der zu *St. Phryne* gestellten fünfzehn Exemplare zwischen 82 und 70 mm schwankt. Ausser der Körpergrösse führt HAGEN an, dass bei seiner *St. Phryne* der Hinterleib, namentlich der des Weibchens schlanker ist als bei *St. aequalis*, doch ist dieser Unterschied nicht immer constant, weil die verschiedene Breite des Leibes zu sehr von dem Zustande abhängt, in welchem sich das Thier vor der Einbettung im Gestein befand, und von dem stärkeren oder schwächeren Drucke, dem es nach derselben ausgesetzt war. Ein beständigerer Unterschied scheint in dem Verhältniss der Länge der Flügel zu der des Leibes zu liegen, da bei der grösseren Zahl der uns vorliegenden Stücke, die zumeist aus kleineren Thieren mit zum Theil sehr schlankem Hinterleibe bestehen, die Flügel bis zur Hinterleibsspitze reichen, während bei den vorwiegend grösseren Individuen die Flügel nur das 8. Hinterleibssegment erreichen und der Leib selbst meist breiter ist. Erstere sind von uns als *St. Phryne*, Letztere als *St. aequalis* betrachtet worden.

Zuletzt ist in Kürze noch einiger älterer, hierher gehöriger Arten zu gedenken. Durch die Güte des Herrn Prof. Dr. VON ZITTEL war es uns ermöglicht, das Original zu GERMAR'S *Agrion Latreillei**) untersuchen zu können, von welcher schon HAGEN, Paläont. X. S. 139 vermuthet, dass diese Art eine *Heterophlebia* sei. Wenn sie Art von ihm zu *Heterophlebia Helle* gestellt wird (l. c. S. 105), so beruht dies sicher nur auf einer Verwechselung. Bei der späteren Bearbeitung der Neuropteren des lithographischen Schiefers durch HAGEN (Paläont. XV. 1866) wird weder bei *Isophlebia Helle*, noch bei den *Stenophlebien* jener GERMAR'schen Type Erwähnung gethan. Dass HAGEN'S Vermuthung berechtigt war, hat uns die Untersuchung der Originalplatte gezeigt, das Thier ist unzweifelhaft eine *Stenophlebia*. Kopf und Thorax sind an der Type ganz undeutlich, der Hinterleib durch Bemalung und unrichtige Ausarbeitung bis zur Unkenntlichkeit entstellt, so dass sich nicht mit Sicherheit ermitteln lässt, ob die von GERMAR angegebenen Grenzen des Hinterleibes die richtigen sind. Am hinteren Ende scheint auf der rechten Seite unter der Bemalung ein Theil der Seitenlinien hervorzutreten, die auf eine kolbige Erweiterung der Hinterleibsspitze und demnach auf ein männliches Individuum hindeuten würden. Die von GERMAR abgebildeten Beine sind ziemlich deutlich und gehören dem hinteren Paare an, die Schenkel sind 13 mm, die Schienen 8,5 mm lang und am Innenrande fein gedornt. Auf der linken Seite liegt unter dem Hinterschenkel auch das mittlere Bein mit 8,5 mm langen Schenkeln und 7 mm langen Schienen, die beide innen eine Reihe feiner Dornen erkennen lassen. Ziemlich deutlich sind die beiden Vorderflügel und der linke Hinterflügel, während der rechte unter den Vorderflügel nach vorn umgeschlagen und nur durch die Randadern angedeutet ist. Die Umrisse sind ganz willkürlich durch Bemalung hergestellt. Auf Taf. IV. Fig. 13 ist der deutlichere linke Vorderflügel abgebildet, an demselben fehlt nur die Spitze. Die Vorderflügel würden nach Vergleich mit gut erhaltenen Exemplaren unserer Sammlung eine Länge von 54 mm, die Hinterflügel von 53 mm erreicht haben. Das Geäder stimmt mit den Stenophlebien vollständig überein, die Zahl der Postcubitales beträgt 19. Mit welcher der HAGEN'schen Stenophlebia-Arten *Agrion Latreillei* aber zu vereinigen ist, lässt sich nicht mit Bestimmtheit behaupten. *Stenophlebia Amphitrite* ist wegen der Grösse der Zahl der Postcubitales und der schiefen Stellung der Dreiecke ausgeschlossen, eine Gabelung des

*) Nov. Act. Ac. C. Leop. XIX. S. 216. Taf. XXIII. Fig. 16.

Sector subnodalis ist nicht zu sehen. Wenn der Hinterleib an der Type richtig herauspräparirt ist, würden die Flügel bis zum 8. Gliede reichen, das Thier demnach *Stenophlebia aequalis* entsprechen.

Dasselbe gilt auch von GIEBEL'S *Calopteryx lithographica**), die schon HAGEN mit seiner *Heterophlebia Phryne* vereinigt hat**). Herr Prof. Dr. BÜTSCHLI hat uns das in der Universitätssammlung zu Heidelberg aufbewahrte Original GIEBEL'S bereitwilligst mitgetheilt. Wenn auch das Thier sehr mangelhaft erhalten ist, zeigen die Flügel doch alle Eigenthümlichkeiten der Stenophlebien-Flügel. Taf. IV. Fig. 14 ist der linke Vorderflügel nochmals abgebildet. Die Subcosta ist über den Nodus hinaus bis zum Sector principalis verlängert, der S. nodalis beginnt schon vorher, der S. principalis biegt sich unter dem Pterostigma leicht nach vorn, S. medius und subnodalis entspringen dicht hinter einander, Dreieck und Discoidalfeld zeigen die den Stenophlebien eigenthümliche Form. Die Länge der Vorderflügel beträgt etwa 54 mm. Der Hinterleib ist nur theilweise erhalten. Eine Vereinigung mit einer der *Stenophlebia*-Arten ist noch viel weniger möglich als bei *Agrion Latreillei*.

Cordulegaster LEACH.

C. ? intermedius MUENST. sp. Taf. IV. Fig. 7.

1837. *Aeschna gigantea* (*intermedia* MUENST.). GERMAR, Nov. Act. Ac. C. Leop. XIX. S. 216. Taf. XXIII. Fig. 13 (nicht Fig. 14. 14a.).
1848. *Anax intermedius*. HAGEN, Stett. entomol. Zeitung. IX. S. 10.
1850. *Anax intermedius*. SELYS-LONGCHAMPS, Revue des Odonates. p. 361.
1852. *Anax giganteus*. GIEBEL, Deutschlands Petrefacten. S. 639.
1856. *Aeschna intermedia*. GIEBEL, Fauna der Vorwelt. II. 1. S. 280.
1862. *Anax intermedius*. HAGEN, Paläont. X. S. 112. *Petalura intermedia*, Ib. S. 107.
1869. *Petalura intermedia*. WEYENBERGH, Arch. Mus. Teyler. T. II. p. 251

Die Dimensionen der mir vorliegenden 4 Exemplare unterliegen nur geringen Schwankungen, es ist die

Gesammtlänge (ohne App.) . . .	118—120 mm	Länge der Hinterflügel	83— 88 mm
Länge des Leibes (ohne App.) . .	84— 86 „	grösste Breite der Vorderflügel . .	19— 20 „
„ „ Appendices	7,5 „	„ „ „ Hinterflügel . .	25— 26 „
„ „ Vorderflügel	90— 94 „	Spannung der Vorderflügel . . .	190—200 „

Kopf und **Thorax** sind meist durch Kalkspath ersetzt, Letzterer hat etwa eine Länge von 21—22 mm. Besser ist der **Hinterleib** einiger Exemplare erhalten; die Basis ist wenig aufgetrieben, die Breite nimmt von 8 mm bis auf 5,5 mm am 3. Gliede ab, wächst dann wieder allmählich auf 8 mm am 7. Gliede, während das Hinterleibsende nur 5 mm breit ist. Das erste Glied ist 4,5 mm, das zweite ca. 6,5 mm lang, die Glieder 3 und 4 haben zusammen eine Länge von 25 mm, die fast gleich grossen 5—7 sind je 12,5 mm, 8 nur 7,5 mm, 9 und 10 nur 4, bez. 3,5 mm lang. Der Hinterrand der mittleren Glieder ist auf der Oberseite wulstig aufgeworfen, an einzelnen finden sich auch noch Andeutungen der

*) Zeitschr. f. d. ges. Naturwissensch. Bd. IX. 1857. S. 380. Taf. IV. Fig. 1.
**) Paläont. X. 1862. S. 105, 121.

schmalen Bauchplatten. Die männlichen Genitalien am zweiten Gliede sind ganz unsicher, ebenso die oberen Appendices, die eine ähnliche Form wie die von *Protolindenia Wittei* zu haben scheinen.

Die allgemeine Form der **Vorderflügel** ist die der Aeschniden, so der fast gerade Vorderrand, der flach gerundete Hinterrand und die parabolische Spitze. Die Länge beträgt an dem abgebildeten, ca. 120 mm langen Exemplare 94 mm und reichen dieselben, an den Körper angelegt, bis an das 10. Leibessegment, die grösste Breite kurz vor dem Nodus 20 mm. Dieser bildet die Mitte des Vorderrandes. Die an der Basis mässig erweiterte kräftige Costa biegt sich flach nach aussen, die Subcosta entfernt sich von ihr Anfangs ziemlich weit, so dass das Randfeld im basalen Theil 3 mm breit wird, nähert sich ihr aber nach dem Nodus hin bis auf 1 mm Abstand. Die Mediana hat denselben Verlauf, das zwischen beiden liegende Feld ist sehr schmal. Hinter dem Nodus nähert sich die Mediana rasch dem Rande. Lage des Pterostigma, Zahl der Ante- und Postcubitales sind an keinem unserer Exemplare zu ermitteln. Der gebrochene Arculus befindet sich in einem Abstande von 10 mm von der Basis, die Sectoren entspringen mit getrennten Wurzeln. Der Sector principalis ist bis 13 mm vor dem Nodus, wo der S. medius abzweigt, gerade, dann schwach nach vorn gekrümmt, vom Nodus ab der Mediana parallel. Der Sector subnodalis geht 9 mm vor dem Nodus anscheinend aus einer Querader zwischen dem S. principalis und S. medius hervor und läuft dem S. nodalis parallel im flachen, später stärkeren Bogen 13 mm vor der Spitze zum Hinterrande. Zwischen beiden liegt eine Reihe viereckiger Zellen. Sector medius und S. brevis haben einen ähnlichen Verlauf, biegen sich aber vor dem Ende nochmals nach Innen, Ersterer endet 31 mm vor der Flügelspitze. Der zwischenliegende Flügelstreifen ist gegen den Rand hin mit 2, später 3 Reihen fünf- und sechseckiger Zellen ausgefüllt. Der Basaltheil der Vorderflügel ist undeutlich. Das Dreieck scheint 3 mm vom Arculus zu beginnen und 7 mm lang, die äussere Seite wenig länger, die innere 4 mm lang zu sein. Die Postcosta ist mit der hinteren Ecke durch eine kurze Querader verbunden. Die Trigonalsectoren laufen einander nahe im flachen Bogen, dem Nodus gegenüber, zum Rande. Im Analfelde sind nahe dem Dreieck zwei Reihen grösserer pentagonaler Zellen, nach der Spitze zu mehrere parallele Aeste des S. trig. inferior angedeutet. Das Zellennetz im mittleren und äusseren Theile des Flügels ist nur an einzelnen Stellen erhalten. Das dreieckige Feld zwischen dem S. principalis und dem S. nodalis wird durch einen längeren supplementären Sector getheilt, der bald hinter dem Nodus beginnt. Vor diesem Zwischensector stehen Anfangs 2, dann mehr Reihen, hinter demselben nur 1 Reihe Zellen. Am Rande liegen zwischen den Zellen noch mehrere kürzere Sectoren, ebenso im Felde zwischen dem S. subnodalis und dem S. medius. Das Discoidalfeld verbreitert sich ziemlich beträchtlich gegen den Rand hin und enthält hier mehrere kurze supplementäre Sectoren.

Die **Hinterflügel** sind kürzer. Der gerade Vorderrand geht durch eine parabolische Spitze in den Hinterrand über, dessen Basaltheil bis zum S. medius stärker, nach der Spitze hin flacher gekrümmt ist. Der Analrand ist an einigen Exemplaren flach gebuchtet. In dem 87 mm langen Hinterflügel des abgebildeten Thieres liegt der Nodus 37 mm von der Basis, vor der Flügelmitte. Die Costa ist flacher gebogen als im Vorderflügel, das Randfeld schmäler als in jenem. Der Arculus hat vom Flügelgrunde einen Abstand von 9 mm, die vordere Innenecke des Dreiecks von 10,5 mm, die innere Seite desselben ist 3,5 mm, die vordere 7,5 mm lang, der vordere Innenwinkel nahezu ein rechter. Subcosta, Mediana und S. principalis sind ganz ähnlich wie im Vorderflügel angeordnet. Das Ende des Pterostigma liegt 14 mm vor der Spitze, vor und hinter demselben sind einzelne Queradern noch erhalten. Der

S. subnodalis zweigt 20 mm, der S. medius 16 mm vom Arculus entfernt ab, ersterer endet 13 mm, letzterer 32 mm vor der Spitze, und verlaufen die Sectoren wie im Vorderflügel. Im rechten Hinterflügel ist auch ein inneres Dreieck erhalten. Der S. trig. superior geht im flachen Bogen, dem Nodus gegenüber in den Rand, der S. trig. inferior hat 6 Aeste, ein rückläufiger fehlt. Unter dem S. trig. inferior liegen reihenweise geordnete grössere polygonale Zellen, ebenso im Analfelde hinter der Postcosta zwischen deren parallelen Zweigen, nach dem Rande stehen die Zellen gedrängter. —

Wie schon auf S. 36 hervorgehoben, gehören die Typen zu GERMAR'S Abbildungen von *Aeschna gigantea* in Nov. Act. Ac. C. Leop. XIX. Taf. XXIII, Fig. 13—14a drei verschiedenen Arten an und zwar Fig. 14a zu *Isophlebia Aspasia* HAG.*), Fig. 14 zu *Stenophlebia gigantea* MUENST. sp.**) und Fig. 13 zu der hier mit dem MUENSTER'schen Artnamen „*intermedius*" bezeichneten Art. Die Verschiedenheit der beiden Letzteren ergiebt sich schon aus dem Vergleiche der Basaltheile der Flügel. Die Type zu GERMAR'S Fig. 13 (*Aeschna intermedia* MUENST.) ist dem hier abgebildeten Exemplare sehr ähnlich und lässt noch Folgendes erkennen: die Gesammtlänge beträgt 116 mm, die des Leibes 84 mm. Der Kopf ist undeutlich, der Thorax kräftig, der Leib von GERMAR zu breit angegeben und nur 8 mm dick, an der Basis weniger verschmälert als an unserer Type und auf die ganze Länge gleich breit. Die in GERMAR'S Abbildung angegebene Gliederung ist verfehlt, durch Bemalung künstlich hergestellt, die im mittleren Theile erkennbaren Glieder haben die von uns angegebene Länge. Der Rücken ist fein gekielt. Die 93 mm langen und vor dem Nodus 19 mm breiten Vorderflügel haben die Form der unseres Originales. GERMAR hat sie zu kurz angegeben, die Umrandung der Spitze lässt sich über die Bemalung hinaus noch deutlich verfolgen. Der Arculus steht vom Flügelgrunde 10 mm, die Dreiecksspitze 20 mm und der Nodus 47 mm ab. Die Vertheilung der Hauptadern und das theilweise erhaltene Zwischengeäder sind analog unserer Type. Die Hinterflügel haben eine Länge von 86 mm und nahe der Basis eine grösste Breite von 26 mm. Der Nodus ist 38 mm, der Arculus 9,5 mm, die Dreiecksspitze 18,5 mm von der Basis entfernt. Die Gestalt des Dreiecks gleicht der des hier abgebildeten Exemplares, ebenso die Anordnung der Hauptadern, das Zwischengeäder und die Form der Flügelspitze, die von GERMAR nicht richtig dargestellt ist. Im Discoidalfelde stehen hinter dem Dreieck vier Reihen fünf- und sechseckiger Zellen, deren vordere aus grösseren Zellen besteht.

Ein Vergleich mit den recenten Odonaten ergiebt Folgendes: Die fossile Art gehört wegen der Bildung der Flügeldreiecke und deren gleichen Stellung und Form in allen Flügeln sicher zu den Aeschniden im weiteren Sinne. Die Lage der Augen ist noch unbekannt, daher fällt dieses zur Unterscheidung der Gomphinen von den Aeschninen wichtigste Kennzeichen weg. Der allgemeine Habitus, die Form der Appendices und der Flügel und deren Verhältniss zur Körpergrösse würde für Letztere sprechen, das Geäder dagegen weicht von dem der Aeschninen ausserordentlich ab und entspricht vielmehr dem der Gomphinen. Bei den Aeschninen läuft der S. nodalis bis gegen das Ende des Pterostigma dem S. principalis nahe und wendet sich dann mit einer scharfen Biegung dem Rande zu, das Feld zwischen beiden ist daher bis unter das Pterostigma sehr schmal und erst von dort an schnell verbreitert, ein längerer Zwischensector tritt in diesem Felde nicht auf. Der Sector subnodalis hat einen entsprechenden Verlauf und gabelt

---

*) Vergl. Abbildung der Type in HAGEN, Palaeont. XV. Taf. XII. Fig. 12.
**) Vergl. Abbildung der Type auf unserer Taf. III. Fig. 1.

fast ausnahmslos. Der S. medius ist bei den Aeschninen vor dem Rande nicht nach innen geschwungen. In dem Felde zwischen dem S. subnodalis und dem S. medius tritt, ebenso wie im Discoidalfelde, ein stärkerer supplementärer Sector auf, der den Hauptadern nicht parallel geht, sondern diese Felder diagonal durchschneidet. Das Feld zwischen den Trigonalsectoren ist unter dem Dreieck beträchtlich erweitert, dann verschmälert, der S. trig. inferior hat einen langen rückläufigen Ast. Die Dreiecke sind länger und schmäler. Bei den Gomphinen dagegen finden wir denselben gleichmässigen Bogen des S. nodalis, der sich allmählich vom S. principalis entfernt, zwischen beiden häufig einen längeren supplementären Sector; der S. subnodalis hat denselben Verlauf und gabelt nicht; S. medius und S. brevis sind beide vor dem Ende nach Innen geschwungen; die Zwischensectoren in dem vom Ersteren und dem S. subnodalis eingeschlossenen Felde und im Discoidal-Felde folgen, wenn solche vorhanden sind, dem Laufe der begrenzenden Adern; die Trigonalsectoren sind durchaus parallel, ein rückläufiger Ast des unteren fehlt wie bei der fossilen Art. Das kürzere, breitere Dreieck des Vorderflügels der Letzteren erinnert an das lebender Gomphinen. Diese Verhältnisse im Flügelgeäder und die grosse Aehnlichkeit desselben mit dem von *Protolindenia Wittei* und *Uropetala Kökleri* haben uns veranlasst, die fossile Art den Gomphinen anzuschliessen. Von den genannten beiden fossilen Arten weicht sie durch die beträchtliche Körpergrösse und die Länge der Flügel ab. Leider ist unsere Art noch zu wenig bekannt, um sie mit Sicherheit einer der Gruppen der recenten Gomphinen anzuschliessen, und ist hier nur vorläufig mit *Cordulegaster* vereinigt worden, mit der sie in der Form der Flügel, der Lage und Bildung der Dreiecke und der Gestalt des Hinterleibes und der Appendices einige Aehnlichkeit hat.

Von den durch Grösse ausgezeichneten Odonaten des lithographischen Schiefers lassen sich nur *Anax Buchi* HAG. und *Anax Charpentieri* HAG. mit *Cordulegaster? intermedius* vergleichen. HAGEN hat beide als verschiedene Geschlechter einer Art aufgefasst, was schon CHARPENTIER vermuthete. Die Möglichkeit, dass sie mit *Cordulegaster? intermedius* einer Gattung angehören und zu den Gomphinen zu stellen sind, scheint nicht ausgeschlossen zu sein. Von *C.? intermedius* unterscheidet sich *Anax Buchi**) durch geringere Grösse (22 mm kleiner), durch die Form des Abdomens, durch relativ längere Flügel, die noch über das Afterende hinaus ragen, durch die Gestalt der Hinterflügel, deren basale Hälfte bis zum Nodus fast gleich breit ist, und durch das längere, schmale Dreieck der Vorderflügel. Die Abbildung von *Anax Charpentieri* bei CHARPENTIER**) ist undeutlich, das früher in der K. Mineralogischen Sammlung in Dresden aufbewahrte Original ist leider beim Brande des Zwingers im Jahre 1849 zu Grunde gegangen. Die von HAGEN***) abgebildeten und beschriebenen Exemplare lassen die nahe Verwandtschaft mit *Anax Buchi* erkennen.

Cymatophlebia nov. gen.

κῦμα = Welle; *φλέβιον* = Ader.

Augen auf dem Scheitel kaum zusammenstossend (?); **Hinterleib** an der Basis leicht kolbig erweitert, an der Spitze nur mässig verdickt; obere Appendices des Männchens wenig länger als die

*) Palaeont. XV. 1866. S. 92. Taf. XIII. Fig. 2.

**) Libellul. Europae. 1840. p. 171. Tab. XLVIII. Fig. 1.

***) Palaeont. X. 1862. S. 140. Taf. XIV. Fig. 1.
Palaeont. XV. 1866. S. 95.

zwei letzten Hinterleibsglieder, blattartig erweitert; **Flügel:** Membran von mittlerer Grösse, Basalzelle leer, äussere Seite des Dreiecks am längsten, innere am kürzesten, inneres Dreieck vorhanden, alle Dreiecke getheilt, Pterostigma von mittlerer Länge, Sector nodalis unter dem Pterostigma stark nach vorn geschwungen, vor dem Ende ebenso wie der S. subnodalis, medius und brevis wellenförmig gebogen.

C. longiolata GERM. sp. Taf. III. Fig. 5—8.

1837. *Libellula longiolata.* GERMAR, Nov. Act. Ac. C. Leop. XIX. S. 216. Taf. XXIII. Fig. 15.
1842. *Aeschna longiolata.* GERMAR in MUENSTER'S Beitr. z. Petrefactenkunde. 5. Hft. S. 79. Taf. IX. Fig. 1. Taf. XIII. Fig. 6.
1846. *Aeschna longiolata.* GEINITZ, Grundriss der Versteinerungskunde. S. 197. Taf. VIII. Fig. 5.
1848. *Gynacantha longiolata.* HAGEN, Stettiner entomol. Zeitung. IX. S. 9.
Anax? longiolatus. Ib. S. 11.
1850. *Gynacantha longiolata* und *Anax? longiolatus.* Selys Longchamps, Revue des Odonates. p. 361.
1852. *Gynacantha longiolata* und *Anax longiolatus.* GIEBEL, Deutschlands Petrefacten. S. 639.
1856. *Aeschna longiolata* und *A. bavarica.* GIEBEL, Fauna der Vorwelt. II. 1. S. 279, 280.
1857. *Aeschna multicellulosa.* GIEBEL, Zeitschr. f. d. ges. Naturwissensch. Bd. IX. S. 374. Taf. VI. Fig. 2.
1862. *Petalia? longiolata.* HAGEN, Palaeont. X. S. 106, 127. Taf. XIII. Fig. 1, 2.
1869. *Petalia longiolata.* WEYENBERGH, Arch. Mus. Teyler. T. II. p. 251.
1885. *Petalia longiolata.* SCUDDER in ZITTEL, Handb. d. Palaeont. I. Abth. II. Bd. S. 775. Fig. 978.

Die Dresdener Sammlung besitzt von dieser erst durch HAGEN'S Untersuchungen genauer bekannt gewordenen Art 11 Exemplare, deren zum Theil vortrefflicher Erhaltungszustand gestattet, der Beschreibung HAGEN'S einige Ergänzungen hinzuzufügen. Die Grössenverhältnisse der einzelnen Stücke halten sich in folgenden Grenzen:

	Mas.	Fem.
Gesammtlänge ohne Appendices . .	98 mm	98—101 mm
Hinterleib " " . .	70— 73 "	74— 76 "
App. anales superiores	6— 8,5 "	— "
Vorderflügel	65 "	66— 67 "
Hinterflügel	61— 62 "	62— 63 "
Grösste Breite der Vorderflügel . .	14 "	14 "
" " " Hinterflügel . .	19— 20 "	19— 20 "
Spannung der Vorderflügel . . .	135 "	135 "

Kopf und **Thorax** sind stets undeutlich, Ersterer meist durch die an Stelle der Augen getretenen Kalkspathmassen entstellt, doch glauben wir aus deren bisweilen noch angedeuteter Rundung schliessen zu dürfen, dass sie von mässiger Grösse waren und auf dem Scheitel sich kaum berührten.

Auch der **Hinterleib** ist selten anders als in den Umrissen erhalten und entspricht, soweit ein Vergleich möglich ist, den von HAGEN gegebenen Abbildungen. Fig. 6 stellt den Abdruck der Oberseite des Hinterleibes eines Männchens dar, der einige Abweichungen von HAGEN'S Darstellung erkennen lässt. Bei einer Länge von 73 mm ist er an der kolbig verdickten Basis 6,5 mm breit, verschmälert sich dann schnell bis zur Mitte des dritten Gliedes auf ca. 2,5 mm, zeigt aber am folgenden wieder eine beträchtliche Verbreiterung auf 6 mm, das fünfte Glied ist in der Mitte nur 3 mm breit. Von da an nimmt die Breite bis kurz vor der Spitze allmählich zu bis auf 5 mm am Ende des achten Gliedes. Glied 1 und 2 sind je 3 mm, das 3. Glied 9 mm, das 4. ist 11,5, 5 und 6 je 12, 7 nur 9,5, 8 ist 7,5, 9 und 10 nur 3,5, bez. 2 mm lang. Mit Ausnahme der beiden ersten und letzten Glieder zeigen alle im Abdruck eine feine Längsfurche, dem gekielten Rücken der einzelnen Glieder entsprechend, der Hinterrand des vorletzten Gliedes ist wulstförmig aufgetrieben. Fast alle Glieder sind ausserdem nochmals durch flache Querfurchen getheilt, die wohl flachwulstigen Auftreibungen entsprechen, wie sie sich bei recenten Arten mit farbigen Binden zusammen vorfinden. Die oberen Appendices anales sind am Grunde sehr schmal, dann schnell erweitert, 7 mm lang und vor der breit gerundeten Spitze 3 mm breit, am Innenrande deutlich gekielt. Der untere Appendix ist undeutlich, etwa 3 mm breit und nur wenig kürzer. Die auffallende Erweiterung des vierten Gliedes ist wohl nur zufällig, da sie an keinem anderen Exemplare der hiesigen Sammlung sich wiederholt.

Die **Beine** sind kurz und wenig kräftig, die hinteren am längsten. An Individuen von mittlerer Grösse haben die Schenkel des vorderen Paares eine Länge von 9, die Schienen von 7,5 und die Tarsen von 4,5 mm, am mittleren Paare 12, 8,5 und 5 mm, am hinteren 15, 10 und 8 mm. Die 1—1,5 mm breiten Schenkel sind fast gerade, nur an der Basis leicht gekrümmt, kantig, fein gezähnt, die Schienen etwa halb so breit, gerade, kantig und mit kurzen Dornen besetzt. Die Gliederung der Tarsen ist nirgends deutlich.

Die **Vorderflügel** stimmen in Form, Grösse und Geäder recht gut mit HAGEN'S Abbildungen überein. Die Zahl der Antecubitales beträgt an einem unserer Exemplare nur 20, während HAGEN an GERMAR'S Type 24—25 gezählt hat, auch geht bei jenem die 1. und 6. bis zur Mediana, bei dieser die 1. und 7.; der Arculus ist deutlich gebrochen. Im Discoidalfelde stehen 4 Reihen fünf- und sechseckiger Zellen.

Die **Hinterflügel** sind am Innenrande beim Weibchen gerundet und kaum gebuchtet (vergl. HAGEN'S Abbildung l. c. Taf. XIII. Fig. 1), beim Männchen schärfer ausgeschnitten (vergl. unsere Taf. III. Fig. 8), eine kleine Membranula accessoria ist angedeutet. Im Geäder zeigen die Hinterflügel grosse Aehnlichkeit mit den vorderen. Die Zahl der Antecubitales giebt HAGEN auf 16 an, Postcubitales zählen wir an unseren Stücken etwa 18. Unter dem Pterostigma stehen an dem einzigen an dieser Stelle ganz deutlichen Exemplare nur 2 Zellen, während HAGEN deren 5½ angiebt, ihre Zahl scheint also ebenso zu schwanken, wie der Zelleninhalt des Dreiecks, der an HAGEN'S Exemplare aus 4, an unseren aus 4—6 Zellen besteht. Im Discoidalfelde stehen an der äusseren Dreiecksseite zunächst 6 meist pentagonaler grösserer Zellen, denen 4 Reihen fünf- und sechseckiger folgen, die sich von der Mitte des Feldes an in zahlreiche Reihen kleinerer und nach dem Rande zu unregelmässigerer Zellen auflösen. Am Hinterrande treten 3 kurze supplementäre Sectoren hervor. Das dreieckige Feld zwischen Sector medius und S. subnodalis wird zunächst durch mehrere einfache, kurz hinter dem Nodus durch unregelmässigere und zahlreichere Zellen ausgefüllt, die nahe dem Hinterrande sehr klein sind und dicht gedrängt stehen. Ein stärkerer supplementärer Sector, von dem einige Zweige zum Rande gehen, durchsetzt ähnlich wie im Vorderflügel dieses Feld. Zwischen dem Sector principalis und S. nodalis folgen mehreren einfachen Zellen am Nodus zwei Reihen pentagonaler bis zum Pterostigma, von wo an sie unregelmässiger werden und an Zahl zunehmen. Der Theil des Basalfeldes unter der Postcosta wird zwischen den zum Flügelrande gehenden parallelen Aesten durch theils quadratische, theils auch unregelmässigere, grössere Zellen gefüllt, die sich bald in zwei und mehr Reihen kleinerer theilen. Vom Dreieck an werden die Zellen überhaupt kleiner, stehen zuerst auch in je zwei, dann in mehr Reihen, und im Spitzentheile des Feldes herrscht dasselbe feine unregelmässige Zellennetz wie am Hinterrande des Flügels überhaupt vor. Die Basalzelle ist leer, die Mittelzelle getheilt, das Feldchen über dem Dreieck enthält 2 Queradern. —

Die halbkugelige Form des Kopfes, die Gestalt der Flügel, das Vorhandensein einer Membran, die Stellung der Flügeldreiecke verweisen die fossile Art zu den Aeschniden im weiteren Sinne. HAGEN hat sie zur Unterfamilie der Gomphinen gestellt, wegen des Baues des Hinterleibes und des Flügelgeäders, und zwar zur Legion Cordulegaster in die Nähe von *Petalia*, mit der sie in Bildung und Form der Hauptadern am nächsten verwandt ist. Die Lage und Grösse der Augen ist leider noch zu unvollkommen bekannt, um mit Sicherheit entscheiden zu können, ob unsere Art den Gomphinen oder den Aeschninen einzureihen ist. Wenn, wie wir annehmen müssen, sich die Augen auf dem Scheitel nur wenig berühren und von mässiger Grösse sind, würden nur die Gomphinen in Betracht kommen. Diese Annahme wird unterstützt durch die Form des Hinterleibes und die breiten, gerundeten, blattartigen oberen Appendices des Männchens, die an die von *Petalura* und *Uropetala* eher erinnern als an die schlanken, spitzen Appendices der Aeschninen. Nicht zu verkennen ist auch die grosse Aehnlichkeit mit den Gomphinen im Verlauf einzelner Hauptadern. Zwar krümmen sich bei keiner lebenden Gomphine Sector nodalis und subnodalis unter dem Pterostigma so auffällig nach vorn, wie es bei der fossilen Art und den Aeschninen allgemein der Fall ist, die charakteristische Schwingung beider Sectoren von ihrem Ende nach Innen aber ist ohne Beispiel bei den Aeschninen, bei den Gomphinen hingegen in der Gruppe *Cordulegaster* angedeutet. Auch gabelt bei den Aeschninen regelmässig der Sector subnodalis, was bei der fossilen Art nicht der Fall ist, und zweigt vom Sector principalis selbst ab, während er bei *Cymatophlebia* wie bei den Gomphinen aus einer Querader zwischen S. principalis und S. medius entspringt. Die wellenförmige Biegung im äusseren Theile des S. medius findet sich bei Letzteren. Die Flügeldreiecke sind bei den Aeschninen im Allgemeinen länger und schlanker, bei den Gomphinen kürzer und breiter und denen der fossilen Art ähnlicher. Bei den Ersteren entfernt sich der S. trigonalis inferior hinter dem Dreieck ziemlich weit vom S. trig. superior und giebt einen langen rückläufigen Ast ab, bei Letzteren sind beide Sectoren schon Anfangs parallel, der rückläufige Ast ist kaum angedeutet. Ein dem der fossilen Form ähnliches Geäder des Analfeldes der Hinterflügel besitzen *Cordulegaster* und *Petalura*.

Aus dem Angeführten geht die grössere Verwandtschaft mit den Gomphinen, speciell mit den Legionen *Cordulegaster* und *Petalura*, hervor. Die Form des Hinterleibes erinnert an *Cordulegaster*, die der oberen Appendices an *Petalura* und *Uropetala*, die der Flügel und der Verlauf der vom S. principalis abzweigenden Sectoren an *Petalia* und die Gattungen der Legion *Petalura*, das Analfeld der Hinterflügel an das der *Uropetala*-Arten, Form und Lage des Pterostigma mit seiner auch das darunterliegende Feld durchsetzenden innern Begrenzungsader an *Petalia*. Bei einzelnen Unter-Gattungen der Legion *Petalura* wiederholt sich eine ähnliche, nur schwächere Biegung des Sector nodalis nach vorn unter dem Pterostigma. Mit keiner der genannten Gattungen stimmt die fossile Form aber vollkommen überein. Gegen eine Vereinigung mit der Legion *Cordulegaster* spricht die kleine Membran und die Gestalt der Appendices, gegen *Petalura* das kurze Pterostigma und die Stellung des Dreiecks im Vorderflügel. Die Aehnlichkeit im Geäder mit Gattungen beider Legionen und die Gestalt der Appendices, die gleichsam eine Mittelform zwischen den nach der Spitze nur wenig erweiterterten der *Petalia*- und den sehr breiten, blattartigen der *Petalura*-Arten bilden, lassen es wahrscheinlich erscheinen, dass die fossile Art der Typus einer ausgestorbenen Gattung ist, welche zwischen *Petalia* und *Petalura* zu stellen sein und sich wegen der Lage der Augen an die Legion *Cordulegaster* anschliessen würde. Wegen der ausgeprägten wellenförmigen Biegung des S. nodalis, subnodalis, medius und brevis möchten wir für diese Gattung den Namen *Cymatophlebia* in Vorschlag bringen.

GIEBEL hat die von GERMAR ursprünglich als *Libellula*, später als *Aeschna longialata* beschriebene Art in zwei getrennt und erstere mit dem Namen *Aeschna bavarica**) bezeichnet. Durch Untersuchung der beiden Typen GERMAR'S in der paläontologischen Sammlung zu München hat HAGEN jedoch nachgewiesen, dass diese Trennung ungerechtfertigt ist, und hat die von GIEBEL als besondere Art beschriebene *Aeschna multicellulosa***) wieder mit jener vereinigt. Herr Prof. Dr. BÜTSCHLI in Heidelberg hatte die Güte, uns das in der Sammlung des dortigen zoologischen Institutes aufbewahrte Original GIEBEL'S zur Vergleichung anzuvertrauen und haben wir HAGEN'S Ansicht bestätigt gefunden. Da GIEBEL'S Zeichnung einige Unrichtigkeiten enthält, ist das betreffende Stück hier nochmals abgebildet (unsere Taf. III. Fig. 5). Der Basaltheil des Flügels, auf den sich GIEBEL bei Unterscheidung seiner Art besonders stützt, ist keineswegs so undeutlich, als es nach seiner Darstellung erscheinen könnte. Das Flügeldreieck tritt unter der Loupe scharf hervor, in der Zeichnung GIEBEL'S ist es zu lang angenommen, wodurch sich die Zahl der Zellen in demselben auf die bei *Cymatophlebia longialata* gewöhnliche reducirt. Auch das vierzellige innere Dreieck ist zu sehen. Der Arculus liegt der Basis näher als in jener Abbildung, der Sector subnodalis entspringt aus 2 Wurzeln. Das Discoidalfeld ist dort zu breit gezeichnet, wohl durch Verwechselung des S. trig. inferior mit dem S. trig. superior, und enthält nur 4, nicht fünf Zellenreihen; die Zahl der Antecubitales ist unbestimmbar. Im Uebrigen enthält GIEBEL'S Zeichnung keine wesentlicheren Abweichungen.

Uropetala SELYS.

U. Köhleri HAG. sp. Taf. IV. Fig. 3, 11 und 12.

1826. *Libellulit.* KOEHLER in Leonhard's Zeitschr. f. Mineralogie 1826, II. S. 231. Taf. VII. Fig. 3.
1848. *Gomphus ? Köhleri.* HAGEN, Stett. entomol. Zeitung IX. S. 8.
1850. *Gomphus? (Lindenia?) Köhleri.* SELYS-LONGCHAMPS, Revue des Odonates. p. 360, 364.
1852. *Gomphus Köhleri.* GIEBEL, Deutschlands Petref. S. 639.
1856. *Libellula Köhleri.* GIEBEL, Fauna d. Vorw. II, 1. S. 284.
1862. *Gomphus Köhleri.* HAGEN, Paläont. X. S. 139.
Petalura varia. Ib. S. 107.
1869. *Petalura varia.* WEYENBERGH, Arch. Mus. Teyler. T. II. p. 251.

Die Dresdener Sammlung besitzt von dieser Art nur einige undeutlichere weibliche Exemplare, aus diesem Grunde sind bei der Beschreibung mehrere wohl erhaltene Stücke der Münchener Sammlung zu Hülfe genommen worden.

---

*) Fauna der Vorwelt. II. 1. 1856. S. 280.

**) Zeitschr. f. d. ges. Naturwiss. IX. 1857. S. 375. Taf. VI. Fig. 2.

	Mas.	Fem.
Gesammtlänge (ohne Appendices) .	71 — 72 mm	70— 71 mm
Länge des Hinterleibes	51 — 52 „	50— 52 „
„ der oberen Appendices . .	5,5 „	3— 3,5 (?)
„ „ Vorderflügel	47,5— 49 „	47— 48 „
„ „ Hinterflügel	45 — 46,5 „	45— 46 „
Grösste Breite der Vorderflügel . .	10,5— 11 „	10— 11 „
„ „ „ Hinterflügel . .	13,5— 14,5 „	13— 14 „
Spannung der Vorderflügel	99 —102 „	98—100 „

Der **Kopf** ist breiter als lang, die Augen sind auf dem Scheitel getrennt, ihre Entfernung am Vorderrande beträgt das Vierfache der am Hinterrande.

Der kräftige **Thorax** ist um die Hälfte länger als breit.

Der **Hinterleib** nimmt nahezu ³/₄ der Körperlänge ein; der des Männchens ist breit, von der Basis bis zur Mitte allmählich aber wenig verschmälert, nach der Spitze wieder verbreitert, der des Weibchens schlank, von der Basis bis zum Ende des sechsten Gliedes mehr als um die Hälfte an Breite abnehmend, die vier letzten Glieder leicht kolbig verdickt. Beim Männchen sind Glied 1 und 10 die kürzesten, 9 nur wenig länger, 2 und 8 noch länger und unter sich nahezu gleich, 3—7 am längsten; beim Weibchen ist das Verhältniss der Glieder ähnlich, nur ist das 7. etwas kürzer als 3—6, 9 relativ länger als beim Männchen. Die am Grunde schmalen oberen Appendices des Letzteren erweitern sich bis zur Mitte stark blattartig und spitzen sich dann zu, die Ränder sind convex, die Mitte ist gekielt, ihre Länge gleich der des 8. und 9. Leibessegmentes zusammen. Der mittlere Appendix ist an keinem Exemplare deutlich zu sehen, er scheint gerundet und kürzer als das 10. Segment zu sein. Die weiblichen Appendices sind nicht ganz sicher, anscheinend aber kürzer, nur so lang als das vorletzte Segment, und schmäler, aber ähnlich geformt wie beim Männchen.

Die grosse Aehnlichkeit der Flügel in Form und Geäder mit denen von *Protolindenia Wittei* veranlasst uns, hier nur die Unterschiede zwischen beiden hervorzuheben. Die **Vorderflügel** reichen auch hier nur bis zum Ende des siebenten Hinterleibssegmentes, ihre Länge beträgt nahezu das Fünffache der Breite am Nodus. Der Vorderrand und die basale Hälfte des Hinterrandes verläuft wie bei *Protolindenia Wittei*, die Spitzenhälfte des Letzteren ist dagegen mehr gerundet, die äussere Flügelhälfte daher weniger dreieckig, die elliptische Spitze ist nicht dem Hinterrande genähert, sondern liegt in der Mittellinie des Flügels. Nodus und Pterostigma haben dieselbe Lage wie bei jener Art, Letzteres ist aber länger, ca. 10 Mal so lang als breit, die innere Begrenzungsader setzt sich bis zum Sector principalis fort. Costa, Subcosta, Mediana und S. principalis verlaufen wie bei *Protolindenia Wittei*. Der S. nodalis entfernt sich erst unter dem Pterostigma von dem Sector principalis und endet sehr nahe der Spitze, ein grösserer supplementärer Sector zwischen beiden fehlt. Die Wurzel des Sector medius ist vom Arculus relativ weiter entfernt und wendet sich der Sector unter dem Nodus eher vom S. subnodalis ab, wodurch das von beiden eingeschlossene Feld schneller an Breite zunimmt. S. medius und S. brevis krümmen sich am Rande rückwärts. Der S. trig. superior endet dem Nodus gegenüber und macht einen stärkeren Bogen nach vorn, das Discoidalfeld wird dadurch in der Mitte eingeengt. Der gebrochene Arculus liegt auch hier im ersten Neuntel der Flügellänge, die Spitze des Dreiecks im zweiten, der Anfang desselben in der Mitte zwischen beiden.

Den wichtigsten Unterschied von *Protolindenia Wittei* bildet die Form des Dreiecks, welches hier rechtwinkelig und vertical zur Längsachse gestellt ist und gleichlange Vorder- und Innenseite hat. 1, selten 2 der Vorderseite parallele Queradern theilen es in 2—3 Zellen. Das innere Dreieck ist wenig grösser als bei *Protolindenia Wittei*, aber in gleicher Weise getheilt. Die Sectoren des Arculus entspringen mit getrennten und geraden Wurzeln. Basalzelle und Feldchen über dem Dreieck sind leer, die Mittelzelle wird durch eine Querader getheilt. Das Zwischengeäder weicht von dem jener Art nicht wesentlich ab. Antecubitales 18—19, deren 1. und 6. stärker sind und auch das zweite Randfeld durchsetzen, Postcubitales bis zum Pterostigma 11—15.

Die **Hinterflügel** sind kürzer, ca. 3½ Mal so lang als breit, die breiteste Stelle liegt im ersten Viertel der Flügellänge, die elliptische Spitze in der Längsaxe des Flügels, der Hinterrand ist in der äusseren Hälfte auch hier stärker convex, der Analrand in beiden Geschlechtern wenig verschieden und gerundet. Die für den Vorderflügel hervorgehobenen Unterschiede zwischen *Protolindenia Wittei* und *Uropetala Köhleri* im Verlauf der Adern gelten auch für den Hinterflügel. Dreieck und Arculus haben eine ähnliche Lage wie bei erstgenannter Art, das Dreieck ist aber breiter, die innere Seite relativ länger. Alle Dreiecke, das Feld darüber und die Basalzelle sind leer, die Mittelzelle enthält eine Querader. Antecubitales 12—14, Postcubitales 11—15. —

So ähnlich diese Art im Allgemeinen auch *Protolindenia Wittei* zu sein scheint, so zwingt doch das Geäder der Flügelbasis, sie einer anderen Abtheilung der Gomphinen anzuschliessen. Die Unterschiede, welche jene Art von den Legionen Gomphus, Chlorogomphus und Cordulegaster trennen, gelten auch für die hier betrachtete, Form und Stellung der Dreiecke der Vorderflügel und das sehr lange Pterostigma schliessen aber auch die Legionen Gomphoides und Lindenia aus und weisen sie zur L. Petalura. Von der Gattung *Phenes* Ramb. weicht die fossile Form durch die Gestalt der Appendices und, wie von der Untergattung *Petalura* Leach, durch die Form des Vorderflügeldreiecks ab. Letztere, sowie die breiten blattartigen Appendices, die Gestalt des Abdomens, die 3 Discoidalreihen der Flügel hat sie mit der Untergattung *Uropetala* Selys gemeinsam, der schlankere Thorax und der kurze mittlere Appendix würden sie von dieser unterscheiden, doch sind beide an der fossilen Form noch nicht genügend bekannt. Auch die von *Uropetala* abweichende Theilung der Flügeldreiecke, sowie die Gestalt des Dreiecks im Hinterflügel scheinen eine Trennung von jener Gattung nicht zu rechtfertigen, da die bekannten recenten *Uropetala*-Arten gerade in dieser Hinsicht von einander ziemlich abweichen.

Die von Koehler 1826 in Leonhards Zeitschrift für Mineralogie beschriebene und von Hagen zuerst als *Gomphus? Köhleri* bezeichnete Libelle von Solenhofen halten wir, so unvollkommen auch Koehler's Abbildung derselben ist, bestimmt für ident mit der hier beschriebenen Art und zwar für ein Weibchen derselben. Der schlanke, dünne, an der Basis nur wenig aufgetriebene, am Ende kolbig verdickte Leib ist so charakteristisch für diese, dass eine Verwechselung mit ähnlichen Formen, wie *Cymatophlebia longialata* und *Protolindenia Wittei* kaum möglich ist. An Grösse ist jenes Exemplar nur wenig verschieden von dem auf Taf. IV. Fig. 3 abgebildeten.

Auch Hagen's *Petalura varia* (Paläont. X. 1862. S. 107) müssen wir nach Untersuchung der in der Münchener Sammlung aufbewahrten und mit Hagen's eigener Bestimmung versehenen Platten für ident mit *Uropetala Köhleri* halten. Das Flügelgeäder, namentlich die Form der Dreiecke entspricht dem an letzterer Art beobachteten vollkommen. Auch die Grösse ist kaum von der unserer Stücke verschieden, wie aus einem Vergleiche der wichtigsten Maasse der Letzteren mit denen eines der von HAGEN als *Petalura varia* bezeichneten der Münchener Sammlung (Nr. 50) hervorging.

Das auf Taf. IV. Fig. 3 dargestellte Weibchen ist 71 mm, der Hinterleib desselben 52 mm lang, an der Basis 5, am Hinterrande des sechsten Gliedes nur 2, am neunten Gliede 3,5 mm breit. Glied 1 und 10 haben eine Länge von je 2 mm, Glied 2 von ziemlich 5 mm, 3—6 von je 7,5 mm, 7 von 5 mm, 8 und 9 von je 4 mm. Die Vorderflügel sind 47 mm lang und am Nodus 10 mm breit, dieser liegt 25, der Arculus 5, die Spitze des Dreiecks 11 mm von der Basis entfernt, die innere und vordere Seite sind je 3, die äussere 3,5 mm lang, das Dreieck enthält eine Querader, das innere drei von der Mitte nach den Seiten gehende. Der S. nodalis endet 3 mm, der S. medius 13 mm von der Spitze, der S. trig. superior dem Nodus gegenüber. Der Hinterflügel hat eine Länge von 45 mm und am Dreieck eine Breite von 13 mm. Der Nodus ist 20, der Arculus 6, die Spitze des Dreiecks 10,5 mm von der Basis entfernt, die vordere Seite misst 3,5, die innere nur 2, die äussere 4 mm. Sector nodalis und S. medius enden 3,5, bez. 14,5 mm vor der Spitze, der obere Trigonalsector dem Nodus gegenüber. Zwei weitere weibliche Individuen der Dresdener Sammlung stimmen fast genau mit jenem überein.

Das in Fig. 11 dargestellte Thier ist ein Männchen und befindet sich das Original in der Münchener Sammlung (Nr. 44 und als *Petalura Münsteri* bezeichnet). Die Körpergrösse ohne Appendices beträgt 72 mm. Der Kopf hat eine Länge von 7 mm und eine Breite von 7,5 mm und ist nach der Seite gedreht, wodurch das rechte Auge nur zum Theil sichtbar ist. Oberlippe und Epistom scheinen vorn abgestumpft zu sein. Der 51 mm lange und an der Basis 5 mm breite Hinterleib nimmt bis zur Mitte auf 3 mm an Breite ab, erweitert sich nach dem gerade abgestutzten Ende aber wieder auf 4 mm. Glied 1 und 10 sind je 1,5 mm, Glied 2 schon 4,5 mm, Glied 3—7 je 7,5 mm, 8 nur 3,5 mm und 9 nur 2 mm lang. Die grossen blattartigen Appendices erreichen eine Länge von 5,5 mm und in der Mitte eine Breite von 2 mm. Der Vorderflügel hat eine Länge von 49 mm und am Nodus eine grösste Breite von 11 mm. Der Letztere befindet sich in einer Entfernung von 25 mm von der Basis, das 6 mm lange Pterostigma beginnt 11 mm davon entfernt. 5,5 mm von der Basis liegt der Arculus, 6 mm weiter die Spitze des Dreiecks, dessen innere und vordere Seite je 3,5 mm lang sind. Der S. nodalis endet 3 mm, der S. medius 12 mm vor der Spitze, der S. trig. superior dem Nodus gegenüber. 18 Antecubitales, 15 Postcubitales. Das Dreieck enthält in jedem Flügel nur 1 Querader. Der 46,5 mm lange Hinterflügel erreicht seine grösste Breite von 14,5 mm in der Mitte zwischen Basis und Nodus, der 20,5 mm von der Ersteren entfernt ist. Der Arculus befindet sich 5 mm, die Spitze des Dreiecks, dessen vordere und innere Seite 3,5, bez. 2,5 mm lang sind, in der doppelten Entfernung vom Flügelgrunde. Sector nodalis läuft 3, S. medius 13 mm vor der Spitze in den Hinterrand.

Ein ganz ähnliches Stück ist ein Männchen derselben Sammlung (*Petalia longiolata* bezeichnet), dessen Hinterleibsende in Fig. 12 abgebildet ist. Die Hinterleibssegmente sind auf der Oberseite zum Theil fein grubig punktirt. Das Dreieck des linken Vorderflügels enthält 2, das des rechten nur 1 Querader.

Zum Vergleich geben wir hier noch die Dimensionen eines als *Petalura varia* HAG. bestimmten Exemplares der Münchener Sammlung (Nr. 50): Körperlänge ohne Appendices 69 mm, Abdomen 50 mm, Vorderflügel 46,5 mm lang, am Nodus 11 mm breit. Dieser 25 mm, der Arculus 6, die Spitze des Dreiecks 12 mm von der Basis. Vordere und innere Dreiecksseite je 3 mm lang. Ende des S. nodalis 3, des S. medius 11, des S. trigonalis superior 20 mm vor der Spitze. Hinterflügel 44 mm lang, grösste Breite 13,5 mm zwischen Nodus und Flügelwurzel. Nodus 20, Arculus 5,5, Spitze des Dreiecks 10,5 mm von der Basis. Innere Seite desselben 2, vordere 3,5 mm lang. 3 mm von der Spitze entfernt mündet der S. nodalis, 13,5 mm davon der S. medius, dem Nodus gegenüber der S. trig. inferior in den Hinterrand.

Subfam. Calopterygina.

Isophlebia Hagen 1866.

Die durch die ausserordentliche Grösse eines ihrer Vertreter über alle recenten und fossilen Odonaten hervorragende Gattung zeigt in der Form der Flügel mit der Anordnung ihrer Längsadern, den blattartigen Appendices und den Beinen eine so grosse Ähnlichkeit mit den Aeschniden, dass man mit Germar versucht ist, sie diesen einzureihen. Hagen hat jedoch nachgewiesen, dass die maassgebende Anordnung des Geäders in der Flügelbasis ganz verschieden von der der lebenden Aeschniden ist, dass vielmehr wegen Mangels des oberen, das Flügeldreieck bildenden Gabelastes der Submediana und der zahlreichen Antecubitales die nächsten lebenden Verwandten bei den Calopteryginen zu suchen sind. Die wesentlichsten Abweichungen von diesen liegen in der Form der blattartigen Appendices, wie sie nur bei den Aeschniden bekannt sind, in der Form der Beine und zum Theil auch im Flügelgeäder. Bei keiner lebenden Calopterygine läuft die Postcosta parallel dem Sector trigonalis inferior selbstständig zum Hinterrande der Flügel und bildet dieser Sector einen so langen, geraden absteigenden Ast wie bei *Isophlebia*. Auch die plötzliche Biegung in der Mitte des S. trig. superior und der Umstand, dass Arculus und Spatium quadrangulare im Vorderflügel der Basis näher, die Krümmung des S. trig. superior aber weiter davon entfernt ist als im Hinterflügel, ist ohne Analogie bei den lebenden. Hagen betrachtet daher diese Gattung als Typus einer besonderen Gruppe der Calopteryginen, die sich durch ihre grossen Flügel mit zahlreichen Zwischensectoren, feinem Zwischengeäder und unvollkommenem, von Adern durchsetztem Pterostigma an *Calopteryx* zunächst anschliesst.

Von den zwei von Hagen beschriebenen Arten ist in der Dresdener Sammlung nur vertreten:

I. Aspasia Hag. Taf. IV. Fig. 4—6.

1837. *Aeschna gigantea* (ex parte). Germar, Nov. Act. Ac. C. Leop. XIX. S. 216. Taf. XXIII. Fig. 14a (nicht 13 und 14!).
1848. *Anax giganteus* (ex parte). Hagen, Stett. Entom. Zeitung. IX. S. 10.
1850. *Anax giganteus* (ex parte). Selys-Longchamps, Revue des Odonates. p. 361.
1858. *Anax intermedius* (ex parte). Giebel, Fauna der Vorwelt. II, 1. S. 280.
1862. (*Calopt.*) *Aspasia*. Hagen, Paläont. X. S. 105.
? *Anax giganteus*. Ib. S. 142.
1866. *Isophlebia Aspasia*. Hagen, Paläont. XV. S. 70. Taf. XII. Fig. 12; Taf. XIV. Fig. 1—3.
1869. *Aspasia gigantea*. Weyenbergh, Arch. Mus. Teyler. T. II. p. 250.

Sämmtliche Thiere liegen auf der Seite und stimmen, soweit zu erkennen, mit Ausnahme eines Exemplares mit Hagen's Beschreibung überein. Letzteres ist 150 mm, der Oberflügel 101 mm lang, das

Flügelgeäder zum Theil bis ins feinste Detail erhalten. Die Flügel liegen übereinander, leider ist der linke Vorderflügel durch unvorsichtiges Herauspräpariren in der basalen Hälfte zerstört, so dass der darunterliegende rechte zum Vorschein kommt, wodurch die Deutung der Längsadern erschwert wird. Die sehr schön erhaltene Spitzenhälfte des linken Vorderflügels weicht in folgenden Punkten von HAGEN'S Beschreibung ab: das Pterostigma, durch ockerbraune Färbung scharf vom übrigen Flügel geschieden, beginnt 31 mm vom Nodus und ist nur 9 mm lang, innen und aussen durch Queradern begrenzt. In demselben sind Adern nicht zu sehen, dahinter noch deren 18. In dem darunter liegenden Felde fehlen auf eine Länge von etwa 9 mm bis zum ersten Drittel des Pterostigma die Queradern vollständig, ähnlich wie bei *Isophlebia Helle* HAG., im Spitzentheil dieses Feldes fehlt der supplementäre Sector und stehen hier nur 2 Reihen grösserer unregelmässiger Zellen. Die gleiche Beschaffenheit zeigt auch der Hinterflügel. Der Flügeltheil zwischen dem Sector principalis und dem S. medius ist mit unregelmässigerem Geäder ausgefüllt und erst nahe dem Hinterrande treten zahlreiche, kurze supplementäre Sectoren deutlicher hervor.

Zur Ergänzung der vortrefflichen Abbildungen HAGEN'S ist hier der Basaltheil der Flügel eines Exemplares der Münchener Sammlung (bezeichnet 1870. VII. 34), welches erst nach HAGEN'S Anwesenheit in München in die dortige Sammlung gelangt ist, wiedergegeben (Taf. IV. Fig. 4—6). Der Arculus liegt im Vorderflügel 6 mm von der Basis, das Spatium quadrangulare ist nur wenig länger als breit (2,5 und 1,5 mm), die Postcosta geht neben dem S. trig. inferior selbstständig zum Hinterrande und ist mit ihm durch Queradern verbunden, hinter derselben liegt eine Reihe langer, schmaler, schiefgestellter fünfeckiger Zellen, längs des Hinterrandes bis zur Biegung des S. trig. inferior eine Reihe kleinerer. Im Hinterflügel steht der Arculus in einer Entfernung von 10 mm von der Basis, das Spatium quadrangulare ist nur 4 mm lang, also kürzer als es nach HAGEN'S Abbildung erscheint; das Hinterrandfeld enthält grosse unregelmässige Zellen, ein Streifen längs des Randes ist zellenfrei; vom S. trig. inferior gehen wie im Vorderflügel mehrere parallele Aeste ab, zwischen denen die Zellen in Reihen geordnet sind. —

Die sehr nahe verwandte *Isophlebia Helle* unterscheidet sich von *I. Aspasia* durch geringere Grösse, viel flachere Biegung des Sector trigonalis superior nach oben und durch den kurzen, stark gekrümmten S. trig. inferior, während der von HAGEN weiter angeführte Unterschied in der Zahl der Zellenreihen unter dem Pterostigma nicht constant zu sein scheint.

Tarsophlebia HAGEN 1866.

T. eximia HAG.

1862. *Heterophlebia eximia*. HAGEN, Paläont. X. S. 106.
Euphaea longiventris. Ib. S. 121. Taf. XIII. Fig. 7, 8.
1866. *Tarsophlebia eximia*. HAGEN, Paläont. XV. S. 65. Taf. XII. Fig. 1—6, 11.
1869. *Heterophlebia eximia* und *Euphaea longiventris*. WEYENBERGH, Arch. Mus. Teyler. T. II. p. 250, 251.

Von dieser Art besitzt die paläontologische Sammlung des Dresdener Museums sieben z. Th. in Doppelplatten vorhandene Exemplare, deren keines jedoch so wohl erhalten ist als das von HAGEN l. c. Fig. 1 abgebildete Thier.

Der an einem Stücke deutlich ausgeprägte **Kopf** weicht von jenem durch vorn mehr gerundete Augen ab, ein Unterschied, der nur als eine Folge des durch verschiedenen Druck hervorgebrachten Erhaltungszustandes anzusehen ist, und lässt ausserdem auf dem Epistom zwei schmale, rinnenartige Eindrücke erkennen. Der **Thorax** ist an einzelnen Stücken sehr wohl erhalten und so gebaut, wie ihn HAGEN darstellt, während vom **Hinterleib** meist nur der Umriss, selten Gliederung zu erkennen ist. Bisweilen sind einzelne Glieder fein quergerunzelt. Die Appendices zeigt keines unserer Thiere. Auch das eigenthümliche Verhältniss der **Tarsenglieder** — das erste fast so lang als die beiden folgenden zusammen —, wodurch sich diese Art vor allen recenten Odonaten auszeichnet, konnte an einem unserer Exemplare beobachtet werden. Das zuweilen bis ins feinste Detail erkennbare Flügelgeäder stimmt mit HAGEN'S Darstellung desselben vollkommen überein. Die Grössenverhältnisse schwanken zwischen den dort gegebenen Grenzen.

Die auf ein undeutliches Exemplar begründete *Euphaea longirentris* ist von HAGEN später selbst eingezogen und als ein Männchen von *Tarsophlebia eximia* erkannt worden.

Nach HAGEN'S Untersuchungen gehört diese Art zu den Calopteryginen wegen des Baues des Thorax, des Hinterleibes mit den Appendices und der Flügel und weicht nur im Basaltheil der Letzteren durch das stiefelförmige Spatium basilare von *Calopteryx* und durch das aussergewöhnliche Verhältniss der Tarsenglieder von allen lebenden Arten ab. Unter den fossilen ist ihr *Heterophlebia dislocata* WESTWOOD aus dem englischen Lias am nächsten verwandt, weicht aber durch das Geäder der Flügelbasis, den gedrungenen Thorax, den an der Basis aufgetriebenen Leib und die kurzen Füsse ab; *Tarsophlebia Westwoodi* GIEBEL aus denselben Schichten ist viel grösser als die Art des lithographischen Schiefers.

Subfam. Agrionina.

Agrion FABR.

A.? Eichstättense HAG.

1862. *Agrion? Eichstättense*. HAGEN, Paläont. X. S. 118. Taf. XIV. Fig. 5.
1869. *Agrion Eichstättense*. WEYENBERGH, Arch. Mus. Teyler. T. II. p. 251.

Eine kleine Libelle von Eichstätt entspricht in Form und Grösse des Hinterleibes, der Beine und Flügel und der Lage des Nodus der von HAGEN als fraglich zu *Agrion* gestellten Art, ohne jedoch ebenso wie die Type einen weiteren Anhalt zur genaueren systematischen Bestimmung zu geben.

B. Neuroptera vera.

Fam. Hemerobina.

Diese Familie ist durch zwei undeutliche Stücke vertreten, die sich an *Hemerobius priscus* WEYENBERGH (Arch. Mus. Teyler. T. II. p. 18. Taf. XXXIV. Fig. 13, 14) anschliessen dürften.

Fam. Myrmeleonidae.

Seit dem Jahre 1854 besitzt das Kgl. mineralogisch-geologische Museum in Dresden einen Insectenrest, welcher lange Zeit für einen Schmetterling gehalten wurde. Der vordere Theil ist weggebrochen, der erhaltene Rest des Körpers ist 35 mm, der der Flügel 68 mm lang und an der breitesten Stelle ca. 30 mm breit. Leider befindet sich das interessante Stück in einem so schlechten Erhaltungszustande, dass eine eingehendere Beschreibung und nähere Bestimmung uns gewagt erscheint. Der Verlauf der Hauptadern, wie wir ihn zu sehen glauben, erinnert an den der Flügel von *Palpares* Ramb. Zwischen den Adern tritt stellenweise ein grossmaschiges polyedrisches Netzwerk hervor. Einer der von HAGEN (Paläont. X. S. 108) erwähnten Hemerobinen oder Sialinen-Arten gehört das Thier nicht an, wie wir uns an den von HAGEN bezeichneten Exemplaren der Münchener Sammlung überzeugt haben. Nach recenten *Palpares*-Arten zu urtheilen, muss das Thier eine Körperlänge von 60—65 mm und eine Flügellänge von 80—85 mm gehabt haben.

III. Hemiptera LINNÉ.

A. Homoptera LATR.

Fam. Stridulantia.

Zu dieser Gruppe rechnen wir mehrere von Eichstätt stammende Insecten, die unverkennbar zu den Cicaden und wahrscheinlich zu den Arten gehören, welche WEYENBERGH in den Periódico Zoolójico. T. I. Buenos-Aires 1874. p. 86, 101. Lam. III. Fig. 4 und 9 als *Cicada gigantea* und *C. Proserpina* bezeichnete. Die Reste selbst sind ganz undeutlich, im Flügelgeäder der grösseren Art glauben wir einige Aehnlichkeit mit dem von *Palaeontina oolitica* BUTL. aus den Stonesfield-Schiefern zu erkennen.

B. Heteroptera LATR.

Fam. Nepidae.

Nepa L.

N. primordialis GERM. Taf. V. Fig. 4—5.

1837. *Nepa primordialis*. GERMAR, Nov. Act. Ac. C. Leop. XIX. S. 206. Taf. XXII. Fig. 7.
1856. *Nepa primordialis*. GIEBEL, Fauna der Vorwelt. II. 1. S. 370.
1862. *Nepa primordialis*. HAGEN, Palaeont. X. S. 111, 113.
1869. *Nepa primordialis*. WEYENBERGH, Arch. Mus. Teyler. T. II. p. 249, 273. Pl. XXXV. Fig. 22.
1877. *Nepa primordialis*. ASSMANN, Amtl. Bericht 50. Vers. deutscher Naturforsch. München. S. 192.
1885. *Nepa primordialis*. SCUDDER in ZITTEL, Handb. d. Palaeont. I. Abth. II. Bd. S. 782.

Die Körperlänge der verschiedenen Exemplare schwankt zwischen 24 und 31 mm, die grösste Breite, wenig hinter der Mitte, zwischen 10 und 13,5 mm.

Der **Körper** ist lang eiförmig, hinten gerundet.

Die meisten Stücke lassen nur die Umrisse und das vordere Beinpaar erkennen. Das in Fig. 4 dargestellte Thier ist das kleinste der Dresdener Sammlung und zeigt die Oberseite.

Der dreieckige, nach vorn zugespitzte **Kopf** ist bis an die in Kalkspath umgewandelten Augen in das Halsschild versenkt.

D i e s e s ist breiter als der Kopf, trapezförmig, vorn 5,5 mm, hinten 8,5 mm breit und wenig über 4 mm lang, der Vorderrand tief gebuchtet, die Seiten gerade, die Schulterecken gerundet. Die Oberfläche lässt mehrere Längsschwielen und am Vorderrande vier buckelförmige Erhöhungen erkennen.

Das **Schildchen** ist 5 mm breit, die nach aussen gebogenen Seitenränder 4 mm lang.

Auf den **Halbdecken** ist nur der Clavus scharf abgesetzt, dessen vorderer Theil durch die seitliche Ausbiegung des Schildchens sehr verschmälert wird. Die hintere Spitze desselben liegt 4,5 mm hinter der des Schildchens. Der übrige Theil der Decken erscheint glatt mit Ausnahme einiger von den Schulterecken ausgehender Rippen.

Die **Vorderschenkel** sind 7 mm lang, an der Basis stark verdickt, nach aussen verschmälert, die gekrümmten Vorderschienen in die Schenkelrinne eingeschlagen. Unter den Halbdecken ragen noch die Hinterbeine mit etwa 6 mm langen Schenkeln und zusammen ca. 7,5 mm langen Schienen und Tarsen vor.

Die Schwanzborsten sind nicht erhalten.

Ein zweites 28 mm langes und im Maximum 12 mm breites Exemplar (Fig. 5) zeigt fast nur die Umrisse, lässt aber in der Gegend der Basis des Schildchens, wo ein Ueberrest der Epidermis erhalten ist, den nach vorn gebogenen Hinterrand des Halsschildes und eine feine Granulirung der Oberfläche dieses und des Schildchens erkennen. Die Vorderschenkel sind an diesem Exemplare 8 mm lang und von gleicher Form wie an dem ersteren.

Unsere Exemplare stimmen mit den von GERMAR und WEYENBERGH abgebildeten überein, dagegen ist die von Letzterem versuchte Restauration (l. c. Fig. 22a) als verfehlt zu betrachten, da Kopf und Halsschild viel zu kurz gezeichnet und das Schildchen ganz weggelassen ist.

Belostoma LATR.

B. deperditum GERM. sp. Taf. V. Fig. 1—3.

1837. *Scarabaeides deperditus*. GERMAR, Nov. Act. Ac. C. Leop. XIX. S. 218. T. XXIII. Fig. 17.
1856. *Scarabaeides deperditus*. GIEBEL, Fauna der Vorwelt. II, 1. S. 86.
1862. *Belostoma*. HAGEN, Palaeont. X. S. 110, 113.
1867. *Scarabaeides deperditus* = *? Belostoma*. QUENSTEDT, Handbuch d. Petrefactenkunde. 1867. S. 373. Taf. XXXV. Fig. 5.
1869. *Scarabaeides deperditus* und *Belostomum Hartingi*. WEYENBERGH, Arch. Mus. Teyler. T. II. p. 249, 268. Pl. XXXV. Fig. 20.
1873. *Hydrophilus deperditus*. WEYENBERGH, Arch. Mus. Teyler. T. III. p. 240.
1877. *Scarabaeides deperditus* = *Belostomum*. ASSMANN, Amtl. Bericht 50. Vers. deutscher Naturforsch. München. S. 192.
1885. *Scarabaeides deperditus*. SCUDDER in ZITTEL, Handb. d. Palaeont. 1. Abth. II. Bd. S. 782. Fig. 994.

Die Dresdener Sammlung besitzt von dieser Art mehrere Exemplare, deren Erhaltungszustand sie aber zu einer Beschreibung nicht geeignet erscheinen liess. Ihre Körperlänge schwankt zwischen 44 und 57 mm. Das abgebildete Exemplar befindet sich in der Sammlung der Universität Göttingen und wurde uns durch die Güte des Herrn Prof. Dr. VON KOENEN zur Beschreibung überlassen.

Der **Körper** ist lang-elliptisch, 54,5 mm lang, kurz hinter der Mitte 21,5 mm breit. Die Platte zeigt das Thier auf dem Rücken liegend, doch ist beim Spalten ein grosser Theil der ursprünglich thierischen, jetzt als röthlich-weisser kalkiger Ueberzug vorhandenen Substanz an der Gegenplatte haften geblieben, wodurch auch ein Theil der Oberseite sichtbar wird.

Oberseite Fig. 1: Der **Kopf** ist in eine formlose Kalkspathmasse umgewandelt.

Das trapezförmige **Pronotum**, dessen Vorderrand und leicht nach aussen gebogene Seitenränder z. Th. verbrochen sind, hat eine Länge von 7,5 mm, eine vordere Breite von 7—8 mm und eine hintere von 17 mm, der Hinterrand ist fast gerade, die Schulterecken stumpf. Der mittlere Theil des Pronotums ist flachgewölbt, nach vorn und den Seiten abgeflacht, nach der Basis durch eine wulstige Querbinde begrenzt. Der vordere abgeflachte Rand trägt einen kurzen, mittleren Längskiel.

Die Seitenränder des fast gleichseitig-dreieckigen, an der Basis 12 mm breiten und 8 mm langen **Schildchens** sind leicht S-förmig geschwungen und laufen nach hinten in eine kurze Spitze zusammen. Vorderrand und Mitte sind flach wulstig aufgetrieben, die Oberfläche an der Spitze fein granulirt, im Abdruck punktirt.

Ziemlich wohl erhalten sind die 43 mm langen **Halbdecken.** An der Basis so breit wie das Pronotum erweitern sie sich bis zur Mitte und nehmen dann allmählich, gegen das Ende hin schneller an Breite ab. Unter denselben kommt die Spitze des letzten Abdominalsegmentes zum Vorschein, wodurch sich die Halbdecken scheinbar in eine Spitze verlängern. Die Nähte und Rippen treten in der basalen Hälfte deutlich hervor. Der Clavus ist scharf abgegrenzt; parallel der Sutura clavi läuft eine leistenartig erhabene Rippe, wie sie bei den recenten Arten den schmalen, steil zur Sutura clavi abfallenden Randstreifen des Clavus begrenzt. Der Kreuzungspunkt der Decken ist von der Schildchenspitze 10 mm entfernt. Auf dem Clavus treten beiderseits 4—5 kurze undeutliche Längsrippen auf. Im Corium läuft zunächst eine der Costa fast parallele, nach hinten verschwindende starke Rippe, die ein schmales Randfeld abgrenzt. In diesem ist das Embolium nicht abgesetzt. Eine zweite deutliche Rippe läuft der Sutura clavi parallel und verschwindet am Kreuzungspunkt der Halbdecken. Von dieser gehen 5—6 schwach gebogene, z. Th. anscheinend gabelnde Längsrippen aus, die sich mit einer dritten, weniger deutlichen, das Corium diagonal durchsetzenden Rippe vereinigen. Die Membrannaht ist nicht abgedrückt. An einzelnen Stellen, namentlich auf der rechten Halbdecke, ist eine eigenthümliche Oberflächenstructur zu beobachten: Sowohl Clavus als Corium sind im Abdruck mit äusserst feinen, dicht gedrängten, schief nach aussen gerichteten kurzen Furchen bedeckt, die kaum anders als durch eine dichte Behaarung zu erklären sind, die sich über die ganze Oberfläche der Halbdecken erstreckte und die an die Beschaffenheit des behaarten Fleckes am Corium recenter Arten erinnert.

Unterseite Fig. 3: Von dieser sind ausser den Beinen nur einige **Abdominalsegmente** erhalten. Eine feine Querlinie in der Gegend der Basis der Hinterbeine scheint die Grenze zwischen dem 1. und 2. Bauchsegment anzugeben. Die Nähte zwischen den folgenden Segmenten gehen von der Mitte aus schief nach hinten, die Bauchschienen selbst sind in der Mitte winkelig gebogen. Das 2. Segment ist länger als das dritte, dieses das kürzeste, die folgenden nehmen an Länge nach dem Afterende zu, das letzte ist längs der Mitte gespalten und in eine Spitze verlängert. Das an der Spitze breit gerundete Hypopyginm ist 7,5 mm lang und 6 mm breit und wie die Bauchsegmente in der Mitte längsgekielt. Nach der Form desselben könnte das Exemplar ein Weibchen sein.

Von den **Vorderbeinen** sind nur Reste der sehr breiten Schenkel erhalten, ziemlich vollständig dagegen das rechte Mittel- und Hinterbein. Der länglich ovale Trochanter des Ersteren ist kräftig, der breite, nach der leicht rückwärts gekrümmten Spitze zu verschmälerte Schenkel 11 mm, die schlanke Schiene 9,5 mm, die Tarsen zusammen 4 mm lang, die Klauen gross und stark. Von ähnlichem Bau ist das Hinterbein, dessen Schenkel eine Länge von 13 mm, die Schiene von 14 mm hat. Letztere verbreitert sich stark nach aussen, ihre Oberseite ist gekielt, an der Spitze ein Enddorn nicht erhalten. Die

Tarsen sind kurz und zusammen nur 6 mm lang. Schiene und Tarsen sind noch mit Resten der Schwimmhaare besetzt. —

Die Untersuchung der Type zu GERMAR'S *Scarabaeides deperditus* in der Münchener Sammlung hat uns gezeigt, dass dieselbe mit der hier beschriebenen vollkommen übereinstimmt. Jene zeigt die Unterseite des Thieres und sind die Dimensionen, soweit sie messbar sind, dieselben. Dass GERMAR'S *Scarabaeides deperditus* zur Gattung *Belostoma* gehört, haben bereits HAGEN und ASSMANN nachgewiesen. In der Beschreibung der Insecten des lithographischen Schiefers im Musée Teyler stellt WEYENBERGH jene Art zwar zu den Hemipteren, beschreibt aber auch eine neue als *Belostomum Hartingi*, ohne deren Unterschiede von ersterer, deren *Belostoma*-Natur ihm nach HAGEN'S Angaben bekannt sein musste, anzuführen. Dass seine beiden Arten ident sind, lässt sich aus einem Vergleiche mit der Beschreibung und Abbildung WEYENBERGH'S leicht erkennen. Zu der von ihm 1873 im Arch. Mus. Teyler. T. III. p. 240 und 1874 in Periódico Zoolójico T. I. p. 84. geäusserten Ansicht, dass *Scarabaeides deperditus* ein *Hydrophilus* sei, können wir nach Vergleich der Type GERMAR'S nur bemerken, dass diese sicher kein Hydrophilus, überhaupt kein Coleopteron ist.

Abgesehen von der nicht ganz sicheren Beschaffenheit der Seitenränder des Prothorax, deren starke Verbreiterung auf eine Verwandtschaft mit der Untergattung *Amorgius* Stål hinweisen würde, gleicht die fossile Art dem nordamerikanischen *B. griseum* Say, von der ein uns vorliegendes Exemplar von 53 mm Länge fast genau dieselben Dimensionen hat, wie das hier abgebildete, nur sind die Hintertarsen des letzteren kürzer und schmäler. Von allen recenten Belostomen abweichend ist die Behaarung der Oberseite der Halbdecken, die sich bei den recenten Arten auf einen länglichen Fleck am Corium beschränkt, bei der fossilen aber über den grössten Theil der Halbdecken erstreckt.

Naucoris Geoff.

N. lapidarius WEYENB. Taf. V. Fig. 6.

1869. *Naucoris lapidarius.* WEYENBERGH, Arch. Mus. Teyler. T. II. p. 267. Pl. XXXV. Fig. 19.
1886. *Naucoris lapidarius.* SCUDDER in ZITTEL, Handb. d. Paläont. I. Abth. II. Bd. S. 782.

Das Thier liegt auf dem Rücken, ist 15 mm lang und an der breitesten Stelle vor der Mitte 9 mm breit, der Körper eiförmig.

An dem vorn flach gerundeten **Kopfe** deuten zwei quer verlängerte Erhöhungen die Lage der Augen, eine feine Querfurche 3 mm vom Vorderrande die Basis des Prothorax an.

Der **Hinterleib** ist 8 mm lang und lässt 6 Bauchsegmente von nahezu gleicher Länge erkennen, die mit Ausnahme des spitzgerundeten, zweiklappigen Endsegments sich flach nach vorn biegen. Die Bauchmitte erhebt sich dachförmig.

Die **Vorderbeine** fehlen; die Schenkel der Mittel- und Hinterbeine sind 3,5, bez. 4 mm, die Schienen 4 mm lang, nach der Spitze allmählich verbreitert, am Aussenrande bedornt, am Innenrande ebenso wie die schlanken, zweigliederigen und den Schienen an Länge gleichen Tarsen dicht gewimpert, die feinen Klauen halb so lang wie die Tarsen.

Der nach unten umgeschlagene Seitenrand der **Halbdecken** wird als breiter Saum an der rechten Seite des Thieres sichtbar. —

Die von WEYENBERGH gegebene Abbildung der *Naucoris lapidarius* ist so unvollkommen, dass ohne Zuhülfenahme des Originals deren Identität mit unserer Art nicht sicher nachweisbar ist. Grösse, Form und die restaurirte Figur nach WEYENBERGH machen es allerdings höchst wahrscheinlich, dass beide dieselbe Art repräsentiren. Die von WEYENBERGH angedeutete Möglichkeit, dass seine *Naucoris lapidarius* mit GERMAR'S *Ditomoptera dubia* ident sei, ist bereits durch den von ASSMANN geführten Nachweis, dass letztere Art ein Coleopteron ist, berichtigt worden. (Vergl. *Cerambycites dubius* S. 75.)

Fam. Notonectidae.

Notonecta L.

N. Elterleini nov. sp. Taf. V. Fig. 7.

Die Art weicht von allen bisher aus dem lithographischen Schiefer beschriebenen verwandten Insecten wesentlich ab, so dass uns die Aufstellung einer neuen Art, trotz der schlechten Erhaltung des einzigen Exemplares, gerechtfertigt erschien.

Körperlänge 13 mm, grösste Breite im vorderen Drittheil ca. 4 mm.

Vom **Kopfe** sind nur die in Kalkspath umgewandelten Augen, vom Thorax nur schwache Andeutungen der Unterseite erhalten.

Der 5,5 mm lange **Hinterleib** beginnt dort, wo zwei nach hinten verschmälerte flache Höcker die Lage der Hinterhüften anzeigen. Am Abdomen lassen sich nahe dem Afterende Spuren mehrerer Bauchsegmente, sowie 2 schwache Längslinien unterscheiden, die auf eine Theilung der Bauchsegmente in Mittel- und Randplatten hinweisen. Der Aussenrand ist fein behaart.

Von den **Beinen** ist nur das dritte Paar zu erkennen, dessen schlanke Schenkel und Schienen je 5 mm, dessen Tarsen 3,5 mm lang sind. —

Dass hier die Reste einer Wasserwanze aus der Verwandtschaft der Gattungen *Corixa* oder *Notonecta* vorliegen, erscheint uns nach Körperform und Lage der Hinterbeine zweifellos. Für *Notonecta* spricht die Längstheilung der Bauchsegmente, die auf eine kantige Beschaffenheit der Bauchmitte schliessen lässt.

Von verwandten Formen hat WEYENBERGH eine *Corixa mortua**) beschrieben, die aber bedeutend grösser ist.

---

*) Arch. Mus. Teyler. Taf. II. p. 268. Pl. XXXV. Fig. 18.

IV. Coleoptera.

Fam. Carabidae.

Chlaenius Bon.

Chl. solitarius nov. sp. Taf. V. Fig. 8.

Gesammtlänge 18 mm; Länge des Halsschildes 4 mm, grösste Breite desselben 5 mm; Länge einer Flügeldecke 11 mm, grösste Breite einer solchen 3,5 mm.

Der **Kopf** ist nur in den Umrissen angedeutet.

Das **Halsschild** ist wenig breiter als lang, vor der Mitte am breitesten, an den Seiten gerundet, nach vorn verschmälert, am Vorderrande kaum gebuchtet, nach der Basis hin verengt, die Hinterecken sind fast rechtwinkelig.

Die **Flügeldecken**, an der Basis bedeutend breiter als das Halsschild, nehmen bis zur Mitte nur äusserst wenig an Breite zu und runden sich von da allmählich, nach der Spitze hin schärfer zu. Die Schulterecken sind abgerundet. Die Skulptur der Decken ist nur im vorderen Theile erhalten und zählt man auf jeder derselben mindestens 9 feine Streifen.

Von den **Beinen** bemerkt man Spuren des linken Vorderbeines, nahe der Basis der Flügeldecken die Mittelhüften und in der Mitte zwischen diesen und dem Abdominalende Fragmente der Hinterbeine mit nach aussen verdickten Schenkeln und grossen, an diese angehängten, eiförmigen Trochantern. Die Hinterbrust ist demnach ziemlich lang. —

In der Tracht und namentlich in der Form des Halsschildes, dem Verhältniss der Breite und Länge desselben zu der der Flügeldecken, sowie der Lage der Hinterbeine mit ihren grossen Trochantern entspricht diese Art am meisten manchen recenten *Chlaenius*-Arten, die Form des Halsschildes erinnert an *Chl. velutinus* Dft., die Grösse an *Chl. prasinus* Dej.

Amara Bon.

A.? Pseudo-Zabrus nov. sp. Taf. V. Fig. 9.

Gesammtlänge 27 mm, grösste Breite 14 mm; Länge des Halsschildes ca. 7 mm; Länge der Flügeldecken 18 mm.

Der **Körper** ist eiförmig, im hinteren Drittheil am breitesten.

Der in Kalkspath umgewandelte **Kopf** ist schmäler als das Halsschild; auf seiner rechten Seite tritt ein nach vorn gerichteter 9 mm langer, schmaler Körper hervor, der dem rechten Fühler, ein ähnliches Fragment an der linken Seite dem linken Fühler entspricht. Beide sind durch Kalkspath incrustirt.

Das nach vorn verengte **Halsschild** hat am Vorderrande eine Breite von nur 7 mm, an der Basis von 11 mm, die Seiten sind schwach nach aussen gebogen. Unter dem Hinterrande tritt die Spitze des Schildchens vor.

Am besten erhalten sind die **Flügeldecken**. An der Basis kaum breiter als das Halsschild nehmen sie nach hinten allmählich an Breite zu, vielleicht nur in Folge der Flachpressung der ursprünglich gewölbten Oberfläche, und runden sich, ohne vorherige Ausrandung, an der Spitze zu. Eine feine Linie parallel der Basis begrenzt einen schmalen Randsaum. Die Oberfläche ist deutlich längsgestreift. Auf der rechten Flügeldecke zähle ich 9 der Naht parallele Streifen, in denen theilweise noch Reste von Punktreihen erhalten sind, auf der linken nur 8, deren siebenter sich vom achten in der Mitte etwas weiter entfernt als vorn und hinten.

Die vorderen **Beinpaare** sind vollständig von Kalkspath umhüllt. Die Vorderhüften liegen etwa in der Gegend der Basis des Halsschildes, die Mittelhüften 3 mm dahinter. Die 7 mm langen Hinterschenkel sind nach der Spitze keulig verdickt, die grossen langeiförmigen Trochantern denselben hinten angehängt. Zwischen die Hinterhüften schiebt sich die Spitze der Hinterbrust ein, deren schief nach vorn gerichtete Basalränder als feine Linien angedeutet sind.

Der **Hinterleib** ist in der Mitte etwa 8 mm lang und wird von den Decken vollständig umschlossen. —

Nach Habitus, Form des Halsschildes, Skulptur der Flügeldecken und Bau der Hinterbeine mit ihren den Schenkeln angehängten langen Trochantern erinnert der beschriebene Käfer an Caraben aus der Gruppe der *Pterostichini*, durch das nach vorn verengte Halsschild an Arten der Gattungen *Zabrus* Clairv. und *Amara* Bon., zeigt jedoch mit keiner der beiden genannten völlige Uebereinstimmung. Zwar findet man unter Ersteren Käfer von ähnlicher gedrungener, kräftiger Gestalt verbunden mit so ansehnlicher Grösse, wie sie die fossile Art besitzt, unter den Letzteren durchgängig weit kleinere und von mehr schlankerer Gestalt, dagegen stimmt bei diesen das Verhältniss des Metasternum zum Hinterleib besser als bei jenen. An allen von uns untersuchten *Zabrus*-Arten der entomologischen Sammlung des Dresdener K. zoologischen Museums ist die Hinterbrust im Verhältniss zum Abdomen relativ kürzer als bei den *Amara*-Arten und der fossilen Art, dies hat uns vor Allem bewogen, sie zu *Amara*, wenn auch nur als fraglich, zu stellen. Ob die fossile Art vielleicht Typus einer in der Jetztzeit verschwundenen, die beiden genannten Gattungen verbindenden repräsentirt, ist bei der so mangelhaften Erhaltung des einzigen Exemplares nicht zu entscheiden. Darüber und über die richtige Stellung im System können nur ergänzende Stücke Aufklärung geben.

Fam. Hydrophilidae.

Pseudohydrophilus nov. gen.

Vorderrand des Kinns gerade; Oberkiefer kurz, kräftig; Augen gross, wenig vorstehend; Endglieder der Fühler keulenförmig; Prothorax an der Basis breiter als an der Spitze; Mittel- und Hinterbrust gekielt, letztere über die Hinterhüften hinaus in einen langen Bruststachel verlängert; Hinterbeine Schwimmbeine, die Schienen mit 2 Enddornen, Tarsen fünfgliederig; **erstes Tarsenglied der Mittel- und Hinterbeine länger als die folgenden**; Körper lang-eiförmig, elliptisch, gross.

Ps. longispinosus nov. sp. Taf. V. Fig. 10—12.

Die vier sich gegenseitig ergänzenden Stücke zeigen nur die Unterseiten der Thiere, bez. deren Abdrücke.

Das in Fig. 10 abgebildete Exemplar ist 36 mm lang und an der breitesten Stelle, kurz vor der Mitte, 18 mm breit. Der Körper ist eiförmig-oval.

Der **Kopf** ist breit dreieckig gerundet und etwa 5 mm lang. An demselben fällt zunächst der hinten abgerundete, nach vorn in zwei den Vorderrand überragende Spitzen auslaufende mittlere Theil auf, welcher die beim Spalten der Platte zum Vorschein gekommenen kräftigen, aussen gebogenen Mandibeln darstellt, zwischen deren z. Th. verletzten Spitzen der gerade Vorderrand des Kinns als feine Linie ausgeprägt erscheint. Nahe den Hinterecken des Kopfes liegen, am deutlichsten auf der linken Seite, die grossen ovalen, den Seitenrand des Kopfschildes wenig überragenden Augen. Ein 5 mm langer, schlanker, nach aussen knopfartig verdickter Körper auf der linken Seite des Kopfes kann seiner Lage nach nur dem linken Fühler, dessen Endglieder keulig verdickt sind, entsprechen.

Der **Prothorax** ist an der Basis so breit als die Flügeldecken, breiter als an der Spitze, die Seitenränder bilden mit denen der Flügeldecken eine gleichmässig nach aussen gebogene Linie. Mittel- und Hinterbrust sind ganz undeutlich, Letztere reicht, nach der Lage der Hinterhüften zu urtheilen, bis wenig hinter die Körpermitte. Der mittlere Theil ist in eine spathige Kalkmasse umgewandelt.

Der **Hinterleib** verschmälert sich nach der Spitze zu erst allmählich, dann schneller, und ist aus 5 Bauch-Segmenten zusammengesetzt, deren Nähte z. Th. nur am Rande noch erhalten blieben, da der mittlere Theil des Hinterleibsabdruckes beim Herauspräpariren der tiefer im Gestein liegenden Hinterbeine verloren ging. Die beiden Endsegmente sind vollständig erhalten. Segment 1—4 scheinen nahezu gleich lang zu sein, das letzte nur wenig länger. Die Bauchmitte ist nicht gekielt.

Um den Korper herum läuft der breite Rand der am Ende zusammen spitz gerundeten **Flügeldecken**.

Von den **Beinen** sieht man Reste des rechten mittleren und das hintere Paar. Die ca. 7 mm lange Schiene des ersteren trägt an der Innenecke einen langen Enddorn und noch drei Tarsenglieder, von denen das erste länger ist als die folgenden beiden, alle drei sind an der Spitze schief abgeschnitten. Die kräftigen, in der Mitte fast 2 mm breiten Hinterschenkel haben eine Länge von 7,5 mm, die ebenso langen schlanken Schienen tragen an der Spitze noch Reste von Enddornen. Die Tarsen sind 5-gliederig, schlank, zusammen 8,5 mm lang; das erste Glied ist das längste, fast 3 mm lang, die folgenden nehmen an Grösse bis zum fünften, wiederum längeren, ab; die Innenseite ist langgewimpert.

Ein zweites, im Allgemeinen weniger deutliches Exemplar, das in Fig. 12 dargestellt ist, dient zur Ergänzung des vorigen. Das Thier ist 39 mm lang und in der Mitte 20 mm breit, der Körper fast regelmässig elliptisch.

Kopf und **Prothorax** stimmen, soweit der Erhaltungszustand einen Vergleich erlaubt, mit denen des ersten Exemplares überein. Besser als an jenem ist die Mittel- und Hinterbrust erhalten. Diese verbreitern sich unter leichter Krümmung nach aussen nach hinten nur wenig, die Hinterbrust hat an ihrer Basis, an den Hinterhüften, eine Breite von 17 mm. Längs der Brustmitte läuft ein an der breitesten Stelle 1 mm breiter Kiel, der sich in der Gegend der Hinterhüften in einen langen spitzen Dorn verlängert, der fast bis zum Abdominalende reicht, da von einer kielartigen Erhöhung der Bauchmitte, als welche vielleicht die Verlängerung dieses Dornes angesehen werden könnte, an dem zuerst beschriebenen Exemplare, dessen Bauchsegmente freilagen, Nichts zu sehen war. Die Länge der Hinterbrust würde, der Entfernung der beiden hinteren Beinpaare entsprechend, etwa 9 mm betragen.

Der **Hinterleib** ist an diesem Stücke vollständiger als an jenem. Die Länge des ersten Bauchsegmentes lässt sich auch hier nicht genau angeben, da der Hinterrand des Metasternums nicht ausgeprägt ist. Segment 2—4 sind gleichlang, das dritte wohl nur in Folge von Verdrückung in der Mitte etwas kürzer. Das dreieckig-gerundete Endsegment ist länger als die vorhergehenden.

Ein drittes Exemplar zeigt die Tarsen der Hinterbeine (Fig. 11) in vorzüglicher Schärfe, den Körper dagegen nur in Umrissen. Die Hinterschienen tragen innen an der Spitze zwei lange Enddornen. Die fünf Tarsenglieder sind zusammen 8,5 mm lang, wovon auf das erste ein Drittheil kommt. Das zweite ist nicht ganz 2 mm, das dritte nur 1,5 mm, das vierte nur etwa halb so lang als das dritte, das Klauenglied wieder 1,5 mm lang. Alle Tarsenglieder, besonders die drei letzten, sind an der Spitze schief abgeschnitten und verbreitern sich nach aussen, wodurch die Tarsen gesägt erscheinen. Das letzte Glied ist noch mit Spuren der Klauen besetzt. —

Der Habitus, die fünfgliederigen Tarsen, die nicht geknieten Fühler mit keulig verdickten Endgliedern und der Bau der Mittel- und Hinterbrust mit ihrem langen Bruststachel verweisen das beschriebene Fossil zur Familie der Hydrophiliden. Der Tracht nach könnte es für einen jurassischen Vertreter der Gattung *Hydrophilus* selbst gehalten werden, um so eher, da HEER*) bereits einen solchen aus dem Lias der Schambelen beschrieben hat. Grösse und Form, gekielte Mittel- und Hinterbrust, langer Bruststachel und Schwimmbeine kennzeichnen diese Gattung; wesentlich abweichend ist aber der Bau der Tarsen, da bei sämmtlichen recenten Hydrophiliden mit Ausnahme der Sphaeridiinen das erste Tarsenglied kurz, bei der jurassischen Art aber länger als die übrigen ist. Einen analogen Bau der Tarsenglieder finden wir nur bei den Sphaeridiinen, deren Körperform und Grösse aber, als auch die Bildung der Brust und die nicht ruderförmigen Hinterbeine so wesentlich abweichen, dass eine Stellung zu diesen ausgeschlossen ist. *Pseudohydrophilus* scheint vielmehr der Vertreter einer ausgestorbenen Unterfamilie der Hydrophiliden zu sein, die eine Mittelstellung einnimmt zwischen den Hydrophiliden im engeren Sinne, mit denen sie im Habitus, dem Bau der Mittel- und Hinterbrust, dem langen Brustdorn und den ruderförmigen Hinterbeinen verwandt ist, und den Sphaeridiinen, deren charakteristisches Merkmal, langes erstes Tarsenglied, sie besitzt.

Der Name *Pseudohydrophilus* ist wegen der grossen äusserlichen Aehnlichkeit mit *Hydrophilus* gewählt worden.

---

*) O. HEER. Die Liasinsel des Aargaus. Zürich 1852. S. 12. Taf. I. Fig. 12 und 13.

In welchem Verhältniss der von HEER (a. a. O. S. 12.) beschriebene *Hydrophilus Acherontis* zu der Art des lithographischen Schiefers steht, ob derselbe ein echter *Hydrophilus* oder ein *Pseudohydrophilus* ist, lässt sich zur Zeit nicht entscheiden, da von jenem nur die Flügeldecke bekannt ist.

Als *Blabera avita* hat C. VON HEYDEN*) von Solenhofen ein Thier beschrieben, welches unserem *Pseudohydrophilus longispinosus* im Habitus sehr ähnlich ist. C. VON HEYDEN hebt als charakteristisch für eine Blattine die Bildung der sich deckenden Flügel hervor; da sich diese jedoch in analoger Weise auch bei fossilen Hydrophiliden findet und die nach hinten zugespitzten Flügeldecken von den recenter *Blabera*-Arten wesentlich abweichen, wie schon HEER**) hervorhebt, ist die Möglichkeit, dass beide Arten ident sind, nicht ausgeschlossen, was sich jedoch nur durch Vergleich der nach V. HEYDEN in der Sammlung des historischen Vereins von Mittelfranken in Ansbach befindlichen Type nachweisen lassen würde.

Fam. Scarabaeidae.

Geotrupes LATR.

G. lithographicus nov. sp. Taf. V. Fig. 13.

Körperlänge 35 mm, grösste Breite 17 mm; Länge des Kopfes ca. 5 mm; Länge des Halsschildes 10 mm, grösste Breite desselben 14,5 mm; Länge der Flügeldecken 19 mm.

Der **Kopf** ist zum grössten Theil durch Kalkspath entstellt. An der linken Vorderecke glaube ich in einem hakenförmig gekrümmten Körper den linken Oberkiefer zu erkennen, der über den Clypeus hervorragt, dessen Vorderrand 1,5 mm hinter der Oberkieferspitze zu liegen scheint. Ein rundlicher Körper an der linken Hinterecke könnte dem Auge entsprechen.

Das **Halsschild** ist breiter als lang, hinter der Mitte am breitesten, nach vorn stärker verschmälert als nach der Basis, am Vorderrande leicht gebuchtet, die Basis im flachen Bogen nach hinten gekrümmt, die Seiten stark gerundet. Die Vorderecken sind nicht deutlich, die Schulterecken anscheinend stumpfwinkelig. Die glatte Oberfläche ist nach der Längs- und Querrichtung gewölbt, am stärksten nach der Basis hin.

Die flachgedrückten **Flügeldecken** haben sich an der Naht zum Theil über einander geschoben. Von den Schultern bis zur Mitte erweitern sie sich nur wenig, runden sich aber von da bis zu der fast abgestumpften Spitze im scharfen Bogen zu. Die Oberflächenstreifung ist nicht ganz klar ausgeprägt, auf der linken Decke zähle ich 11, auf der rechten nur 9 Streifen, deren Zwischenräume glatt erscheinen.

Die Spitze des **Hinterleibes** ragt unter den Flügeldecken kaum hervor. —

Nach Habitus, Form und Grösse des Kopf- und Halsschildes, sowie der Gestalt und Skulptur der Decken schliesst sich das Thier an *Geotrupes* an. In der Gestalt ähnelt es dem *G. mutator* MARSH., ist aber grösser als dieser.

---

*) Palaeont. I. 1847. S. 100. Taf. XII. Fig. 6.

**) Vierteljahrsschr. naturf. Ges. Zürich. Jahrg. IX. 1864. S. 281.

Fam. Buprestidae.

Eurythyrea Sol.

E. grandis nov. sp. Taf. V. Fig. 14.

Ganze Länge 28 mm; Länge des Prothorax 5 mm, grösste Breite desselben 9 mm; Länge einer Flügeldecke 19,5 mm, grösste Breite einer solchen 6 mm.

Das Thier ist z. Theil mit Kalkspath überzogen, namentlich **Kopf** und **Halsschild**, wodurch Ersterer ganz unkenntlich geworden ist. Letzteres ist in seinem jetzigen Zustande fast doppelt so breit als lang, in der Mitte nur wenig breiter als am Grunde, nach vorn verschmälert, die Seiten gekrümmt, der Vorderrand, sowie beiderseits die Basis leicht gebuchtet.

Flügeldecken lang und schmal, an den Schultern gerundet, am Aussenrande hinter denselben flach gebuchtet, von der Mitte bis zur stumpfen Spitze flachbogig verschmälert, die Naht gerade; der Ausschnitt für das Schildchen undeutlich, aber ziemlich gross; die feinen Punktstreifen der Oberfläche oft durch Kalkspathüberzug unterbrochen. Ob die Zwischenräume zwischen den Streifen punktirt waren, ist nicht mehr zu ermitteln.

Zwischen den halbgeöffneten Flügeldecken tritt der **Hinterleib** vor, von welchem 4 Segmente abgegrenzt sind, deren erste drei nahezu gleiche Länge haben, das dreieckige Endsegment ist länger als jene. —

Seinem Habitus nach eine Buprestide gleicht der Käfer in den Grössen-Verhältnissen des Halsschildes zu den Decken und deren Form und Skulptur manchen recenten *Eurythyrea*-Arten, ist aber etwas grösser als die meisten derselben, ähnlich wie die von O. HEER*) beschriebene tertiäre *Eurythyrea longipennis*.

Sphenoptera Sol.

Sph. Sphinx GERM. sp. Taf. V. Fig. 15—16.

1842. *Acten Sphinx.* GERMAR in MUENSTER'S Beitr. zur Petrefactenkunde. 5. Heft. S. 85. Taf. IX. Fig. 6.
1847. *Chrysobothris veterana.* C. v. HEYDEN. Palläont. I. S. 99. Taf. XII. Fig. 4.
1856. *Chrysobothris veterana.* GIEBEL. Fauna der Vorwelt. II, I. S. 496.
1862. *Acten Sphinx* und *Chrysobothris veterana.* HAGEN. Palläont. X. S. 111, 112, 113.
1869. *Chrysobothris veterana* und *Acten Sphinx.* WEYENBERGH. Archiv Mus. Teyler. T. II. p. 249, 288. Pl. XXXVII. Fig. 47.
1877. *Acten Sphinx* GERM. = *Chrysobothris veterana* v. HEYD. ASSMANN, Amtl. Bericht 50. Vers. deutscher Naturforsch. München. S. 192.
1885. *Acten Sphinx.* SCUDDER in ZITTEL, Handb. d. Paläont. I. Abth. II. Bd. S. 782.

Diese Art gehört zu den häufigeren des lithographischen Schiefers, das Dresdener Museum besitzt davon 12 Exemplare.

Die Gesammtlänge ist fast bei allen Stücken die gleiche. Die beiden abgebildeten messen 16, bez. 15 mm in der Länge, wovon auf die Flügeldecken 11 mm kommen; der Hinterleib ist an denselben 7 mm, bez. 6 mm lang; für Kopf und Halsschild verbleibt demnach zusammen eine Länge von 4 mm, und betrachtet man den Hinterrand der Augen als entsprechend dem Vorderrande des Halsschildes, so würde Letzteres eine Länge von ca. 2,5 mm besitzen.

---

*) O. HEER. Insectenfauna der Tertiärgebilde von OENINGEN und RADOBOJ. I. 1847. S. 112. T. III. Fig. 10.

Der **Kopf** ist schmäler als das Halsschild, in dieses zurückgezogen, vorn gerundet, die Augen ziemlich gross, rundlich und durch einen breiten Zwischenraum, der grösser als der Augendurchmesser ist, getrennt.

Der **Prothorax** (vergl. Fig. 15) ist ausserordentlich kurz, nach vorn verschmälert, an der Basis ca 5,5 mm, am Vorderrande nur 4,5 mm breit, die Seiten leicht gebogen, der Hinterrand anscheinend beiderseits gebuchtet, da die Flügeldecken an ihrer Basis nach vorn gezogen sind. Der kurze Prosternalfortsatz ist hinter den Vorderhüften seitlich nicht zahnartig erweitert.

Die Seitenränder des fast dreieckigen **Hinterleibes** biegen sich schwach nach aussen. Von den 5 Bauchsegmenten ist das erste so lang als das dritte und vierte zusammen, das zweite nur wenig länger als die 3 folgenden unter sich gleichlangen, das Endsegment dreieckig gerundet. Die trennenden Nähte treten deutlich hervor. An dem von C. v. HEYDEN in Paläontogr. I. S. 99 beschriebenen Exemplare, das den unserigen in den Körperdimensionen genau entspricht, hat das Abdomen Ei-Form mit breit abgerundeter Spitze. Da sich ähnliche Stücke auch in der Dresdener Sammlung befinden, scheint dies auf sexuelle Unterschiede hinzuweisen.

Die Reste der **Beine** lassen auf deren relative Kürze schliessen, die Schenkel und Schienen der Hinterbeine haben je ca. 2,5 mm Länge.

Die grösste Breite der **Flügeldecken** liegt in deren Basis, beide zusammen sind nur wenig breiter als das Halsschild. Die Seitenränder krümmen sich in flachem, nur vor der stumpfen Spitze schärferem Bogen, die Nahtränder sind gerade. Die grösste Breite einer Decke ist gleich dem Drittheil ihrer Länge. Die Basis jeder Decke ist in der Mitte nach vorn gezogen. Ein kurz vor der Spitze endendes schmales Feld längs des Seitenrandes entspricht dem nach unten umgeschlagenen Flügelrande, der, nahe der Schulter am breitesten, sich sehr bald verschmälert. An wohl erhaltenen Exemplaren treten auf der Oberfläche dichtgedrängte Punktstreifen hervor, deren bis zu 12 auf einer Decke zu zählen sind.

In der VON HEYDEN'schen Abbildung weichen die Flügeldecken von den unseren insofern ab, als dort die Schultern flacher gerundet und die Decken in der Mitte am breitesten sind, was namentlich an der rechten Decke auffällt, während das Fragment der linken schon besser unserer Darstellung entspricht. Diese Verschiedenheit ist nur eine Folge der unvollkommeneren Erhaltungsweise, wie aus mehreren, minder gut erhaltenen, jener Abbildung entsprechenden Stücken der hiesigen Sammlung hervorgeht.

Dass das von GERMAR als *Acten Sphinx* beschriebene und als Hemipteron angesprochene Insect mit *Chrysobothris veterana* V. HEYD. ident sei, hat bereits ASSMANN hervorgehoben. Die in der Münchener Sammlung aufbewahrte Type GERMAR'S stimmt, wie ich mich durch die Güte des Herrn Prof. Dr. VON ZITTEL selbst zu überzeugen Gelegenheit hatte, mit jener überein und hat sich GERMAR nur durch die unrichtige Uebermalung täuschen lassen.

C. VON HEYDEN hat diese Art wegen der Breite des Kopfes, der Kürze des Halsschildes und der Gestalt der Flügeldecken, wie sie seine Type zeigte, zu *Chrysobothris* ESCHH. gestellt. Besser erhaltene Stücke, wie sie uns vorliegen, lassen jedoch manche Charaktere erkennen, die einen Zweifel gegen die Zugehörigkeit zu jener Gattung rechtfertigen. Die gerundete Form des Kopfes, der beträchtliche Abstand der Augen, das nach vorn verengte Halsschild kommen zwar, wenn auch vereinzelt, noch bei recenten *Chrysobothris*-Arten vor (z. B. *Ch. atrata* C. & G. und *Ch. superba* DEYR.), mit diesen Charakteren zusammen aber auch noch andere, welche die fossile Art nicht besitzt, wie an der Basis stark nach vorn gezogene, fast eckig-gelappte, an den Schultern schräg abgestutzte und auf der Oberfläche nicht gestreifte Flügeldecken, hinter den Vorderhüften gezähnt erweiterter Prosternalsfortsatz, relativ kleineres, vom zweiten Segment nur an den Seiten noch durch eine Naht getrenntes erstes und gestutztes oder ausgerandetes letztes Bauchsegment.

Wenn die Art hier zu *Sphenoptera* SOL. gezogen wird, so ist das Zusammenvorkommen einer grösseren Zahl an unseren Exemplaren beobachteter Merkmale bei dieser Gattung maassgebend gewesen, der vorn gerundete Kopf, der beträchtliche Abstand der Augen, das bei vielen *Sphenoptera*-Arten nach vorn im Bogen verengte und an Breite wenig von den Decken verschiedene Halsschild, die Form des Prosternalfortsatzes, die sexuellen Unterschiede in der Form des letzten Abdominalsegmentes, die grösste Breite der Flügeldecken an der Basis, die allmähliche Rundung der Seitenränder, die eckig-gerundeten Schultern und die weniger nach vorn gezogene Basis, sowie die Streifung der Oberfläche und die Form des nach unten umgeschlagenen Theiles der Flügeldecken. Abweichend ist die relative Kürze des Halsschildes, für welches sich ein Analogon höchstens bei *Sph. Karelini* FALD. findet, die bedeutende Verschmälerung desselben nach vorn, die Länge des ersten Bauchsegments und die deutliche Naht zwischen diesem und dem folgenden, sowie die grosse Zahl der Punktstreifen auf den Decken. In dieser Beziehung ähnelt *Sphenoptera Sphinx* sehr den *Acmaeodera*-Arten, bei welchen auch das erste Bauchsegment gross und vom zweiten deutlich getrennt, das Halsschild sehr kurz und die Punktstreifen der Flügeldecken dicht gedrängt sind. Der Habitus dieser ist aber ein wesentlich anderer, der Körper ist cylindrisch, die Basis des Halsschildes und der Decken gerade, der Seitenrand der Letzteren an der Schulter oft scharf ausgerandet.

Fam. Pyrochroidae.

Pyrochroa GEOFFR.

P. brevipes nov. sp. Taf. V. Fig. 17—18.

Das in Fig. 17 abgebildete Exemplar hat folgende Dimensionen:

Gesammtlänge 31 mm; Länge des Kopfes 5 mm, grösste Breite desselben 4 mm; Länge des Halsschildes 5,5 mm, grösste Breite desselben 6,5 mm; Länge der Flügeldecken 20,5 mm, grösste Breite einer derselben 6 mm; Länge des Hinterleibes 11,5 mm.

Das Thier ist von länglich-eiförmiger Gestalt.

Der **Kopf** ist an der Basis nur wenig breiter als der Vorderrand des Halsschildes, hinter den Augen eckig gerundet erweitert und dann halsförmig eingeschnürt; der Clypeus vor den mässig grossen, durch einen breiten Zwischenraum getrennten Augen an der Insertionsstelle der Fühler seitlich erweitert oder wulstig aufgetrieben, wodurch derselbe fast viereckige Gestalt erhält; die Oberkiefer sichelförmig gekrümmt; die Wurzel der Fühler, deren erstes Glied lang, verkehrt-kegelförmig, deren zweites kurz ist, von oben deutlich sichtbar. Ein vor dem rechten Oberkiefer liegender Körper mit Andeutung von Gliederung scheint der Rest eines Kiefertasters zu sein.

Das fast kreisrunde, vorn gestutzte **Halsschild** ist in der Mitte viel breiter als der Kopf; am Vorderrande trägt es eine kurze Mittelfurche. Zwei S-förmig geschwungene Linien neben den Seiten scheinen der Unterseite des Thieres anzugehören und die Ränder des Prosternalschildes darzustellen.

Der ovale **Hinterleib** ist aus 5 Bauchsegmenten zusammengesetzt, die von nahezu gleicher Länge sind, denn das erste erscheint wohl nur in Folge der darüber liegenden Hinterschenkel kürzer als die übrigen. Ein nach vorn gerichteter Fortsatz desselben ist nicht vorhanden, da die Hinterhüften sich in der Mitte berühren.

Die **Flügeldecken** überragen den Hinterleib kaum, die Schultern treten eckig gerundet vor; die Breite beträgt hier 9 mm, also ca. $1\frac{1}{3}$ Mal so viel als die des Halsschildes, nimmt dann bis auf 12 mm hinter der Mitte zu, von wo aus sich die Decken nach der Naht zu im Bogen abrunden. Die Spitze jeder Flügeldecke ist für sich gerundet. Der Rand ist nur an den Schultern nach unten umgeschlagen. Die Decken sind eben, nur an den Seiten und den Spitzen leicht gewölbt. Unter der rechten, geöffneten Flügeldecke tritt der Flügel mit einigen undeutlichen Adern vor.

Die **Beine** sind an dem zweiten, in Fig. 18 dargestellten Exemplare besser erhalten als an dem ersten. Schenkel und Schiene jedes Paares sind gleich lang, der Tarsus wenig kürzer. Am vorderen Paare messen die Schenkel und Schienen je 4,5 mm, die Tarsen ca. 3 mm, am mittleren Paare 5 mm, die Tarsen 4,5 mm, am hinteren 5,5 mm, der Tarsus sind hier undeutlich. Die Schenkel sind schmal und fast parallelseitig, ihre Unterseite, wie die der schlanken, dünnen, nach aussen nur wenig verbreiterten Schienen, grubig punktirt, die Vorderschienen mässig gekrümmt. An dem linken Mittelbeine sind die Tarsen deutlicher, aus 5 Gliedern zusammengesetzt (vergl. Fig. 18*). Glied 1 ist so lang als 2 und 3 zusammen, Glied 2—4 gleich lang, Letzteres deutlich herzförmig, das Klauenglied ist das längste und trägt zwei starke Klauen. Das mittlere Beinpaar liegt in der Mitte zwischen den beiden anderen.

Beide hier beschriebenen Käfer sind ganz flach gedrückt, besonders der zweite, woraus sich schliessen lässt, dass die Thiere aus verhältnissmässig weicher Substanz zusammengesetzt waren, da andere Coleopteren des lithographischen Schiefers, aus widerstandsfähigerer Masse, ihre ursprüngliche Wölbung, namentlich die der Flügeldecken, immer mehr oder weniger auch im fossilen Zustande bewahrt haben. —

Unter den recenten Gattungen ist uns keine bekannt, mit der das Fossil mehr Aehnlichkeit hätte als mit *Pyrochroa* GEOFFR., sowohl in der Tracht, als auch in der Form der einzelnen Körpertheile. *Pyrochroa* besitzt eine ähnliche Kopfform mit der eckig-gerundeten Erweiterung hinter den weit von einander getrennten, mittelgrossen Augen, der halsförmigen Einschnürung, der Befestigung der Fühler vor den Augen mit von oben sichtbarer Fühlerwurzel, analoge Form des Halsschildes, ähnlich gestaltete Flügeldecken, dünne schlanke Beine, 5gliederige Tarsen an den vier vorderen Beinen, herzförmiges 4. Tarsenglied.

Von den recenten Arten, die wir im K. zoologischen Museum in Dresden zu vergleichen Gelegenheit hatten, weicht die fossile Art durch die bedeutendere Körpergrösse, relative Grösse des Halsschildes, das bei Ersteren etwa $\frac{1}{3}$, bei Letzterer nur $\frac{3}{4}$ so lang wie die Flügeldecken ist, durch grösseren Abstand der Mittelbeine von den vorderen und durch Kürze der Beine ab.

Fam. Cerambycidae.

Mehrere Coleopterenreste der Dresdener Sammlung erinnern durch die Länge ihrer Antennen, Form und Skulptur der Flügeldecken und den Bau des Leibes an manche lebende Cerambyciden, wenngleich es bei ihrem mangelhaften Erhaltungszustande zweifelhaft bleibt, ob ihnen hier die richtige Stellung angewiesen worden ist. Nach der Verschiedenheit in Grösse und namentlich in Form der Flügeldecken scheinen dieselben zwei Arten anzugehören.

Cerambycites minor nov. sp. Taf. V. Fig. 20.

Gesammtlänge 22,5 mm; Länge des Kopfes 4 mm (?), des Thorax 10,5 mm, dessen grösste Breite 8 mm; Länge des Hinterleibes 7,5 mm, einer Flügeldecke 15 mm, deren grösste Breite 5 mm; Länge eines Flügels ca. 24 mm.

Das Thier liegt mit geöffneten Flügeldecken und Flügeln im Gestein, die Abbildung entspricht dem Abdruck der Unterseite.

Der **Kopf** ist trapezförmig. Zwei rundliche Vertiefungen hinter den Fühlerwurzeln entsprechen den Augen. Die Antennen sind bis auf 11 mm Länge deutlich erhalten, eine feine Furche in der Verlängerung der rechten aber, die in der Zeichnung als punktirte Linie angedeutet ist, lässt auf grössere Länge derselben (etwa 22 mm) schliessen, die Fühler würden dann Körperlänge erreicht haben.

Der **Thorax** ist zum Theil durch die Basis der Flügeldecken verdeckt. Zwei schief nach vorn gerichtete Linien entsprechen den Seiten des Prothorax, der nach vorn verschmälert sein würde, zwei bogenförmige Eindrücke zwischen den Flügeldecken dem Vorderrande des Mesosternums mit den Ausrandungen für die Vorderhüften. Dasselbe scheint nach hinten verdrückt zu sein. Das Metasternum ist gross, nach vorn kaum verschmälert. Zwei wulstige Erhöhungen an dessen Hinterrande entsprechen der Ausfüllung der hinteren Hüftpfannen, da die Hinterbeine und -Hüften dem Körper fehlen.

Die **Flügeldecken** verschmälern sich allmählich nach hinten und enden spitzgerundet. Der Aussenrand ist vor der Mitte seicht gebuchtet. Die Flügeldecken sind in der Längsrichtung stark gewölbt, worauf auch die gebogenen Nahtränder hindeuten. Parallel dem Aussenrande verläuft ein feiner Randstreifen. Die Oberfläche ist dicht runzelig punktirt, stellenweise mit Andeutung von Längsreihen. Die auf den **Flügeln** hervortretenden Rippen sind regellos vertheilt und scheinen ihre Entstehung mehr zufälliger Faltung bei Einbettung im Schlamm zu verdanken.

Ein zweites Exemplar von gleichen Dimensionen zeigt den **Hinterleib** deutlicher als jenes; derselbe ist aus 5 Bauchsegmenten, die nahezu gleiche Länge haben, zusammengesetzt, das Endsegment, von breit dreieckig-gerundeter Gestalt, ist nur wenig länger als die vorhergehenden.

Zwei weitere Exemplare der Dresdener Sammlung sind jenen sehr ähnlich, aber erreichen nur 17 mm Körperlänge. Es muss dahingestellt bleiben, ob sie eine besondere Art oder nur eine kleinere Varietät der ersteren repräsentiren.

C. dubius GERM. sp. Taf. V. Fig. 19 (nicht *Cerambycinus dubius* GERM.*)

1837. *Ditomoptera dubia.* GERMAR, Nov. Act. Ac. C. Leop. XIX. S. 203. Taf. XXII. Fig. 5.
1862. *Ditomoptera dubia.* HAGEN, Palaeont. X. S. 110 u. 113.
1869. *Ditomoptera dubia.* WEYENBERGH, Arch. Mus. Teyler. T. II. p. 249.
1877. *Ditomoptera dubia.* ASSMANN, Amtl. Ber. 50. Vers. deutsch. Naturforsch., München. S. 192.

Der vorigen Art sehr ähnlich, aber grösser, die Hinterleibsspitze ist von der Basis der Flügeldecken 22 mm, bei jener nur 16 mm entfernt.

Der **Thorax** ist breiter und kräftiger, das 9,5 mm lange, vom Metathorax getrennte **Abdomen** breiter und hinten flacher gerundet. Die 5 Bauchsegmente gleichen denen der vorigen Art.

Die **Flügeldecken** haben eine Länge von 17 mm, sind also relativ kürzer als am *C. minor*, verschmälern sich nicht so allmählich nach hinten, bleiben vielmehr bis kurz vor der Spitze gleich breit und runden sich dann schneller zu. Die Oberflächenskulptur ist der der vorigen Art gleich, doch treten noch mehrere feine Längskiele hinzu. Auch hier sind Fragmente der Unterflügel sichtbar. —

Dass *Ditomoptera dubia* GERM. ein Coleopteron ist, heben schon HAGEN (l. c. S. 110) und ASSMANN (l. c. S. 192) hervor, die Besichtigung der Type hat uns davon überzeugt. Das Thier ist von fast gleicher Grösse wie das unsere. Die von GERMAR an den Flügeldecken dargestellten hinteren Felder (seine Rückenfelder K) sind nicht vorhanden, nur durch künstliche Bemalung dargestellt. In gleicher Weise sind auch die Beine und die Genitalien hergestellt und die Unterflügel zu lang gezeichnet. Die geringere Länge der Decken an seiner Type erklärt sich aus der nicht völligen Entblössung der Spitzen derselben von dem bedeckenden Gestein, da diese in Folge ihrer stärkeren Wölbung in den Stein hinein gebogen sind. Die in unserer Abbildung punktirten Linien deuten die Grenze an, bis zu welcher die Flügeldecken an unserem Exemplare ursprünglich im Gestein verborgen waren, der so begrenzte Theil der Decken entspricht der Form derselben an der Type GERMAR's.

Ausser den hier beschriebenen Coleopterenresten aus dem lithographischen Schiefer besitzt das K. mineralogisch-geologische Museum zu Dresden noch eine kleine Zahl anderer, deren Untersuchung uns zu keinem Resultate bezieh ntlich ihrer Verwandtschaft mit lebenden Gattungen führte, da ihr Erhaltungszustand ein so mangelhafter ist, dass die Thiere oft nur in den Umrissen zu erkennen waren. Manche von ihnen gleichen verschiedenen von WEYENBERGH im Arch. Mus. Teyler. T. II beschriebenen Arten, wie *Scaphidium Hageni*, *Buprestis lapidelythris*, *Elater Costeri*, *E. grossus*, *Cryptocephalus suevanicus*, *Chrysomela rara* u. a. Ob die Gattungsbestimmungen dieser richtig sind, lässt sich nach den mangelhaften Abbildungen bei WEYENBERGH ohne Vergleich der in Harlem befindlichen Typen nicht entscheiden, auch unsere Stücke geben darüber keinen Aufschluss.

—

*) Nov. Act. Ac. C. Leop. XIX. 1837. S. 208. Taf. XXII. Fig. 9. Die Type des von GERMAR als *Cerambycinus dubius* beschriebenen Käfers ist sehr undeutlich und ist es fraglich, ob diese Art ein Cerambycid ist. Um Verwechselungen mit der hier als *Cerambycites dubius* GERM. sp. bezeichneten Art zu vermeiden, würde es sich vielleicht empfehlen, den von GIEBEL (Fauna der Vorwelt II, 1. S. 129) gebrauchten Artnamen „*Germari*“ für erstere anzuwenden.

V. Hymenoptera.

Fam. Uroceridae.

Pseudosirex WEYENBERGH 1873.

Hagenia WEYENB. 1869. *Rhipidorhabdus* und *Fabellocena* OPPENHEIM 1885.

Als Typus dieser Gattung betrachten wir das 1784 von SCHROETER in „Neue Literatur und Beiträge zur Kenntniss der Naturgeschichte“ I. Taf. III. Fig. 16 abgebildete und als *Sphinx* bezeichnete Insect, welches GERMAR 1837 in Nov. Act. Ac. C. Leop. XIX mit dem Namen *Sphinx Schroeteri* belegte, WEYENBERGH 1869 im Arch. Mus. Teyler. T. II zu einer neuen Gattung *Hagenia* erhob und OPPENHEIM 1885 in der Berl. Entomol. Zeitschrift als *Rhipidorhabdus Schroeteri* von Neuem beschrieb. Hierher rechnen wir ferner die von GERMAR a. a. O. als *Belostomum elongatum* bezeichnete Art, die von WEYENBERGH a. a. O. als *Sphinx Snellenii* und im Arch. Mus. Teyler. T. III. 1873 als *Pseudosirex Darwini*, sowie die von OPPENHEIM a. a. O. beschriebenen *Rhipidorhabdus*- und *Fabellovena*-Arten.

Ehe wir die Gründe darlegen, welche uns veranlasst haben, die genannten Arten unter der Gattung Pseudosirex zu vereinigen und diese den Hymenopteren einzureihen, stellen wir zunächst die charakteristischen Kennzeichen dieser Gattung, wie sie sich aus der Untersuchung des im Dresdener Museum befindlichen Materiales ergeben haben, zusammen.

Der mässig grosse **Kopf** bildet meist eine unförmliche Masse von Kalkspathkrystallen, nur an einem Stücke (Taf. V. Fig. 23) ist er theilweise besser erhalten. Nach diesem erscheint er an der Basis so breit wie der Thorax und nach vorn verschmälert, die mit Kalkspathkrystallen ausgefüllten Augen liegen in der vorderen Hälfte. Der stark gewölbte Hinterrand ist in der Mitte niedergedrückt, die Oberfläche grubig punktirt. Mundtheile sind nicht erhalten. Die schnurförmigen, dünnen Fühler sind länger als Kopf und Thorax zusammen.

Der **Thorax**, wie er sich an demselben Exemplare darstellt, ist viereckig, überall gleich breit, vorn ausgeschnitten, die Seitenecken vorgezogen; das Pronotum wird von oben sichtbar, in der Mitte schmal und leistenartig erhaben, nach den Seiten erweitert und dort mit unregelmässigen Grübchen bedeckt. Einen nur schwach begrenzten eiförmigen Körper hinter demselben, der den grössten Theil des Rückens einnimmt, halten wir für das Mesonotum.

Das **Abdomen** nimmt circa die Hälfte der Körperlänge ein. An der Basis nicht eingeschnürt und so breit wie der Thorax schliesst es sich eng an denselben an. Seine Form ist verschieden, theils bleibt es bis kurz vor dem Ende gleichbreit und rundet sich dann schnell ab, theils verjüngt es sich schon von der Mitte an allmählich nach hinten und spitzt sich conisch zu. An einzelnen Exemplaren trägt die Hinterleibsspitze einen kurzen Enddorn. Die einzelnen Abdominalsegmente sind selten deutlich. An dem auf Taf. V. Fig. 21 abgebildeten Individuum, den Abdruck der Bauchseite eines Männchens darstellend, erkennt man zunächst einige mittlere Bauchsegmente von nahezu gleicher Länge, an welche sich seitlich kurze, schief nach vorn gerichtete Platten anlegen, welche den nach unten umgebogenen Seitentheilen der Rückenschienen entsprechen. Das Weibchen (Taf. V. Fig. 22) trägt eine lange Legescheide, die das Afterende weit überragt und aus zwei der Länge nach getrennten Theilen besteht. Diese Legescheide tritt aus dem Hinterleib auf der Bauchseite im zweiten Drittel der Länge desselben heraus und ist mit den anliegenden Segmenten durch zwei dreieckig gerundete Platten verbunden. Der basale Theil ist im Abdruck stärker vertieft als die umgebenden Abdominalsegmente, über die Bauchseite des Abdomens also höckerartig erhöht; die Legescheide selbst wird auf ihre ganze Länge von unten sichtbar, von den benachbarten Segmenten nicht umschlossen.

Die langen, schmalen, dreieckigen **Vorderflügel** reichen bis zur Hinterleibsspitze, ihre Länge beträgt ungefähr das 3½fache ihrer grössten Breite, die im zweiten Drittel der Länge liegt. Der Vorderrand ist bis zur breitesten Stelle des Flügels gerade, wendet sich dann im flachen Bogen nach hinten und geht in scharfer Biegung in den gerundeten Spitzenrand über. Der Hinterrand ist immer undeutlich, meist durch die darüber liegenden Hinterflügel verwischt. Im vorderen Theile des Flügels gehen von der Basis drei starke Adern aus. Die *vena marginalis* (m) bildet den geraden Vorderrand. Die *vena scapularis* (s) läuft ihr nahe und im Wesentlichen parallel, macht über der ersten Cubitalzelle einen leichten Bogen nach vorn und endet in ⅚ der Flügellänge im Rande. Beide Hauptadern werden schon von der Stelle an, wo die *v. radialis* (r) entspringt, undeutlich und sieht man von der Marginalis nur den Vorder-, von der Scapularis nur den Hinterrand. Es macht dies den Eindruck, als wenn beide Adern von dort an zu einem festeren Streifen, einem langen, schmalen Pterostigma, verschmelzen. Die dritte Hauptader, die *v. media* (d) durchsetzt den Flügel von der Basis schief nach der Mitte, macht an der Aussenecke der Discoidalzelle einen leichten Knick nach hinten, nimmt aber bald ihre anfängliche Richtung wieder auf. Sie endet der Scapularis gegenüber, erreicht den Rand aber nicht, sondern bricht kurz vor demselben plötzlich ab. Die *vena basalis* (b) ist nach der Spitze zu scharf winkelig gebrochen, an ihrem Brechungspunkte setzt sich eine weitere Längsader, die *v. cubitalis* (c) an, die gleichsam die Verlängerung des vorderen Astes der *v. basalis* bildet und unter schwach wellenförmiger Biegung nach der Mitte des Spitzenrandes des Flügels läuft, kurz vor dem Rande aber in gleicher Weise wie die Medianader endet. Das Feld zwischen *v. media* und *v. cubitalis* wird durch eine Querader in eine trapezförmige geschlossene Discoidalzelle, die fast genau in der Flügelmitte liegt, und in eine lange, schmale offene getheilt. Der Anfang der *v. radialis* (r) liegt in der Scapularis nahe der Mitte zwischen Flügelbasis und Spitze, ihr Ende kurz vor der Letzteren im Vorderrande. Das Radialfeld ist ungetheilt, das Cubitalfeld durch eine die Basis der Cubital- mit der der Radial-Ader verbindende Querader in eine kleine dreieckige und in eine grosse offene, nach aussen erweiterte Cubitalzelle getheilt. Die Adern im hinteren Theile der Vorderflügel sind undeutlich. Die Membran ist in der äusseren Flügelhälfte zwischen den Längsadern mit feinen, z. Th. von den Hauptvenen fächerförmig ausgehenden Längs-Runzeln oder Falten bedeckt.

Die **Hinterflügel** sind kürzer und relativ breiter als die Vorderflügel. Der Zusammenhang der in denselben hervortretenden Adern ist meist ganz unsicher. Ausser mehreren Wurzelzellen erkennt man in der äusseren Flügelhälfte einige Längsadern, die kurz vor dem Rande zu enden scheinen. Die Membran ist in ähnlicher Weise wie im Vorderflügel gefaltet.

Die Beine sind auffallend lang, wenigstens die hinteren Paare, die dicht beisammen stehen, die Schenkel kurz und kräftig, die schlanken Schienen etwa doppelt so lang als jene, die Tarsen kaum kürzer. —

Prüfen wir die zu Anfang genannten Arten auf ihre Zusammengehörigkeit, so führen die näheren Vergleiche von dem Berliner Originale der *Sphinx Schroeteri* unmittelbar zu der von WEYENBERGH*) beschriebenen *Sphinx Snelleni*. Beide Exemplare stimmen in der Gestalt des Körpers mit dem nach hinten conisch zugespitzten Abdomen, dem spiralig gerollten rüsselartigen Gebilde am Kopfe, der langen Legescheide, der Form und dem Geäder der Flügel so genau überein, dass man sie fast für Platte und Gegenplatte halten könnte. Ein ganz analoges Individuum ist auch WEYENBERGH'S *Pseudosirex Darwini***). Wie aus der Beschreibung desselben hervorgeht, unterscheidet es sich von *Sphinx Snelleni* nur durch die entgegengesetzte Richtung der „nervure transversale" (unserer *vena basalis*), doch ist WEYENBERGH selbst nicht ganz sicher, ob bei *Sphinx Snelleni* nicht auch eine ähnliche Anordnung dieser Querader stattfindet.***) In der That lässt die Abbildung der letzteren Art ziemlich deutlich erkennen, dass die *vena basalis* nach der Flügelspitze zu winkelig gebrochen ist, ihre beiden Theile also zwei verschiedenen Richtungen folgen, wodurch jener Unterschied zwischen beiden Arten hinfällig wird. Was *Belostomum elongatum* GERMAR****) anbelangt, so hat bereits HAGEN†) angedeutet, dass diese und *Sphinx Schroeteri* einer Gattung angehören, indem er Letztere auch für eine Belostoma erklärte. Die Type im Münchener Museum (vergl. auch deren photographische Abbildung durch OPPENHEIM††) ist ein Weibchen mit nach hinten conisch verjüngtem Abdomen und langer Legescheide, dessen Flügelgeäder mit dem unserer Exemplare im Allgemeinen übereinstimmt; von *Sphinx Schroeteri* unterscheidet es sich durch geringere Grösse. Dass auch die *Rhipidorhabdi*†††) OPPENHEIM'S hierher zu rechnen sind, bedarf keiner weiteren Ausführung, da jene Gruppe z. Th. auf GERMAR'S *Sphinx Schroeteri* begründet ist.

Die Frage, zu welcher der heutigen Insecten-Ordnungen unsere Fossilien gehören, ist in verschiedener Weise beantwortet worden. GERMAR stellt sie theils zu den Lepidopteren (*Sphinx Schroeteri*), theils zu den Hemipteren (*Belostomum elongatum*); HAGEN vereinigt beide Arten unter den Hemipteren (*Belostoma*); WEYENBERGH schliesst sich dieser Ansicht an, stellt aber eine dritte hierher zu rechnende Art (*Sphinx Snelleni*) zu den Lepidopteren, eine vierte (*Pseudosirex Darwini*) zu den Hymenopteren. Nach ASSMANN††††) ist *Belostomum elongatum* ein Hymenopteron, verwandt mit *Sirex*. OPPENHEIM sieht in seinen Rhipidorhabden eine zu keiner der heutigen Insecten-Ordnungen gehörige Gruppe, die vielleicht die letzten Reste einer ausgestorbenen darstelle, welche den Lepidopteren nahestehe und möglicherweise als die Stammform derselben anzusehen sei.

*) Arch. Mus. Teyler. T. II. 1869. p. 261. Pl. XXXIV. Fig. 9.
**) Arch. Mus. Teyler. T. III. 1873. p. 238.
***) ib. p. 238. Anmerkung.
****) Nov. Act. Ac. C. Leop. XIX. 1837. S. 205. Taf. XXII. Fig. 6.
†) Palaeont. X. 1862. S. 109, 111.
††) Berliner entomolog. Zeitschr. XXIX. 1886. Taf. XII. Fig. 12.
†††) Ebend. S. 338.
††††) Amtl. Ber. 50. Vers. deutscher Naturforsch. München 1877. S. 192.

Dass an eine Verwandtschaft mit Belostoma nicht zu denken ist, hat OPPENHEIM*) in treffender Weise nachgewiesen. GERMAR ist anscheinend nur durch die Unvollkommenheit seiner Type veranlasst worden, in ihr eine Belostoma zu sehen, indem er z. B. den Legestachel als Bauchkiel, das hintere Ende desselben als Schwanzborsten deutete. Die Möglichkeit, dass sein Thier einer anderen Ordnung angehören könne, ist von ihm selbst anerkannt und eine gewisse Aehnlichkeit mit *Sirex* zugegeben worden. Als Beweis für die Zugehörigkeit unserer Formen zu den Lepidopteren machen ältere Autoren wie SCHROETER und GERMAR nur den Habitus geltend, WEYENBERGH führt als weiteren noch den spiralig gerollten Rüssel und das Flügelgeäder an. OPPENHEIM, welcher an der Hand einer grösseren Reihe von Exemplaren der Münchener und Berliner Sammlungen nachwies, dass bei einem Vergleiche mit den jetztweltlichen Insecten nur die Hymenopteren und Lepidopteren in Betracht kommen können, vereinigt sie nicht direct mit den Letzteren, sondern betrachtet diese nur als ihre nächsten Verwandten, mit welchen sie im Habitus, in der Form der Flügel, des Kopfes, der Fühler und der allerdings zweifelhaften Mundtheile, in der eigenthümlichen Theilung der Discoidalzelle, in der Gestalt des Abdomens und der fünfgliederigen Tarsen übereinstimmen.

Sehen wir zunächst vom allgemeinen Habitus, dem später einige besondere Betrachtungen gewidmet werden sollen, ab und vergleichen wir der Reihe nach die einzelnen Körpertheile mit den entsprechenden der Lepidopteren und Hymenopteren, so ergiebt sich Folgendes:

Der **Kopf** ist an keinem Stücke so erhalten, dass er bei der systematischen Bestimmung mit Vortheil verwendet werden könnte. Dasselbe gilt von den schnurförmigen langen Fühlern, die in gleicher Weise sowohl bei Hymenopteren als Lepidopteren vorkommen. Das am Kopfe einzelner Individuen beobachtete spiralgeringelte und als Rüssel gedeutete Gebilde kann ebensowohl einem Fühler entsprechen, da spiralige Einrollung derselben bei den Hymenopteren nicht gerade zu den Seltenheiten gehört, wie man sich an den in den Sammlungen aufbewahrten getrockneten Exemplaren unschwer überzeugen kann. Aus dem Erhaltungszustand des Kopfes schliesst OPPENHEIM auf dessen dünnhäutige Beschaffenheit, nach unserer Ueberzeugung spricht derselbe aber eher für eine festere, hornigere, weil, um die Ausbildung von Kalkspathkrystallen im Kopf, wie sie an fast allen Exemplaren stattgefunden hat, zu erklären, eine widerstandsfähigere Masse vorausgesetzt werden muss, welche die zur Ausbildung von Krystallen nöthigen Hohlräume längere Zeit offen hielt. Dasselbe scheint uns auch für den **Thorax** und das **Abdomen** zu gelten, welche ihre ursprüngliche Wölbung zum Theil noch erhalten haben und als dicke, wulstige, bisweilen mit Kalkspath durchsetzte Erhabenheiten auf den Schieferplatten liegen. Die Form des Thorax bietet wenig Anhaltspunkte, das grosse Mesonotum erinnert an das der Hymenopteren. Um so wichtiger ist das Abdomen, welches aus getrennten Bauch- und Rückenschienen besteht, von denen die letzteren die ersteren seitlich umfassen. Ein derartiger Bau ist uns bei den Lepidopteren nicht bekannt, wohl aber unter den Hymenopteren bei den Tenthrediniden und Uroceriden, deren Hinterleib auch in der ganzen Breite mit dem Thorax verwachsen und nicht gestielt ist. Aehnlich verhält es sich mit der Legeröhre des Weibchens. Bei den Lepidopteren eine am Hinterleibsende hervortretende cylindrische, gegliederte Röhre, deren Glieder sich ineinander und in den Leib zurückziehen lassen, erscheint sie bei *Pseudosirex* als eine der Länge nach gespaltene, schmale, hornige, ungegliederte Scheide, welche auf der

*) a. a. O. S. 341.

Bauchseite vor dem Afterende aus dem Abdomen heraustritt, an der Basis durch zwei chitinöse Platten mit den Leibessegmenten verbunden nicht in das Abdomen zurückziehbar ist, frei auf der Bauchseite liegt und einen erhöhten Kiel längs deren Mitte bildet. Vergleichen wir damit den Legeapparat gewisser Hymenopteren, *Xiphydria*, *Urocerus*, so ist die Uebereinstimmung in dessen Bau mit jenem nicht zu verkennen. Nicht zu verwechseln ist mit diesem Organ eine dornartige Verlängerung des letzten Segmentes, wie sie besonders deutlich an *Rhipidorhabdus minimus* OPPENH. (a. a. O. Taf. XI. Fig. 9) zu sehen ist. Dieses Thier liegt auf dem Rücken, zeigt die Bauchseite, auf dieser aber keine Spur einer Legescheide, ist demnach ein Männchen; jenes Organ kann nur dem Enddorn der Uroceriden entsprechen, welcher an weiblichen Exemplaren in der gleichen Lage nicht sichtbar sein wird, weil er sich mit der Legescheide deckt.

Vergleichen wir weiter die **Flügel** von *Pseudosirex* mit denen der Lepidopteren und Hymenopteren, so gelangen wir zu demselben Ergebnisse. Die Form kann hierbei nicht maassgebend sein, da in beiden Gruppen gleichgestaltete Flügel vorkommen, wohl aber das Geäder. WEYENBERGH hat das Flügelgeäder, wie er es an seiner *Sphinx Snelleni* beobachtete, mit dem der recenten Gattung *Sphinx* in Einklang zu bringen gesucht und ist seiner Darstellung nach eine grosse Aehnlichkeit nicht zu leugnen, wenn man aber einen vollständigen Flügel zum Vergleiche benutzt, so treten die Differenzen um so schärfer hervor. Die geringe Zahl der Adern am Vorderrande, die gebrochene Vena basalis, die Theilung der Cubital- und Discoidalfelder in Zellen verleihen dem *Pseudosirex*-Flügel einen anderen Charakter als dem von *Sphinx*. Auch OPPENHEIM giebt die grosse Differenz im Geäder zu; da ausserdem keine Spur von Schuppen oder Anhangsgebilden vorhanden ist, folgert er daraus, dass die fossilen Formen mit den Schmetterlingen nicht direct vereinigt werden können, umsoweniger, als schon die von ihm aus dem braunen Jura beschriebenen Formen im Aderverlauf und der Beschuppung die auffallendste Aehnlichkeit mit den heutigen Lepidopteren zeigen. Vergleichen wir hingegen die *Pseudosirex*-Flügel mit denen der Hymenopteren, so ist eine Abweichung von Bedeutung nicht zu entdecken. Der Verlauf der Hauptvenen, das allerdings nicht ganz sichere Pterostigma, die Zellenbildung im Flügel ist analog dem der Hymenopteren. OPPENHEIM, welcher auf die Aehnlichkeit mit dem Geäder der Siriciden und Sphegiden hinweist, giebt als Unterschied die geringe Zahl von Zellen an, doch legen wir dieser weniger Werth bei, weil die Zellenzahl bei im System dicht nebeneinanderstehenden Gattungen wie *Oryssus*, *Xiphydria*, *Urocerus* und *Tremex* ausserordentlich variirt. Das jähe Abbrechen der Hauptvenen vor dem Rande, die charakteristische Faltung der Membran kehrt unter den heutigen Hymenopteren u. a. bei den Uroceriden wieder.

Die **Beine** sind zu unvollständig bekannt, um bei systematischen Fragen in Berücksichtigung gezogen zu werden.

Die Ergebnisse dieser vergleichenden Betrachtungen haben uns zu der Ueberzeugung geführt, dass eine Verwandtschaft von *Pseudosirex* mit den Lepidopteren ausgeschlossen ist, dass wir aber ebensowenig in ihnen eine Gruppe zu sehen haben, die sich den heutigen Insectenordnungen nicht einfügen lasse, dass die fossilen Formen vielmehr den Hymenopteren zuzurechnen sind. Als charakteristisch betrachten wir die innige Verschmelzung der einzelnen Thoraxabschnitte, unter denen das Mesonotum am stärksten ausgebildet ist, den Bau des Abdomens und der weiblichen Geschlechtsorgane, die einfache

Nervatur, glatte Oberfläche (Fehlen jeder Spur von Schuppen) und Form der Flügel und die hornige Körperepidermis.

Eine Durchmusterung der einzelnen Abtheilungen der Hymenopteren lässt die Uroceriden als die *Pseudosirex* nächstverwandten lebenden Formen erkennen, mit keiner Gattung derselben aber stimmt die fossile völlig überein. Von *Oryssus* unterscheidet sie sich durch lange, borstenförmige Fühler, den vorn ausgeschnittenen Thorax, das conisch zugespitzte Abdominalende, die lange Legeröhre, die langen Beine, in den Flügeln durch den Verlauf der Schulter- und Radialader, das lange, schmale Pterostigma und die Form der Radial- und Cubitalzellen, hat mit jener dagegen die geringe Zellenzahl und das Fehlen der Anhangzelle gemeinsam. Der halbkugelige breite Kopf, die langen Fühler, die Form des Prothorax, die langen Beine, die Gestalt der Cubitalzellen, die geringe Zellenzahl unterscheidet *Pseudosirex* von *Xiphydria*, bei Letzterer finden wir dagegen das spitz endende Abdomen, die weit nach hinten gerückte Legeröhre, die der Schulterader stark genäherte Randader, das schmale Pterostigma, die scharfe Knickung der vena basalis nach aussen, das Fehlen einer Anhangzelle wieder. Am wenigsten weichen *Pseudosirex* und *Urocerus* von einander ab. Beiden eigenthümlich sind der mehr als halbkugelige Kopf, die langen, borstenförmigen Fühler, der vorn ausgebuchtete Thorax, das von oben sichtbare Pronotum, das conische, mit Enddorn versehene Hinterleibsende, die lange Legeröhre, die langen Beine, auch das jähe Abbrechen der Venen vor dem Rande und die Faltung der Flügelmembran. Unterschiede liegen in der Länge des Abdomens, das bei *Urocerus* mehr als die Hälfte, bei *Pseudosirex* nur die halbe Körperlänge einnimmt, in der bei jener der Mitte des Abdomens genäherten Basis der Legescheide, der schief nach aussen und vorn gestellten, in der Mitte nur leicht eingebogenen Basalader, der Form der ersten Cubitalzelle, der Anhangzelle und der grösseren Zahl der Zellen.

Da von mehreren Autoren so grosses Gewicht auf den Habitus gelegt worden ist, halten wir es für gerechtfertigt, hier näher auf denselben einzugehen. Bedingt wird er namentlich durch die Form des Körpers und die grossen weit vorn sitzenden Flügel. Bei den recenten *Urocerus*-Arten ist der Hinterleib schlanker, fast überall gleich breit, bei *Pseudosirex* z. Th. nach hinten kaum verschmälert, z. Th. in der Mitte am breitesten und nach dem Afterende conisch zugespitzt. Betrachten wir das Abdomen von *Urocerus* näher, so fällt dessen grosse Formenverschiedenheit bei beiden Geschlechtern auf. Beim Weibchen nimmt der Hinterleib von der Basis bis zur Mitte, dem Austrittspunkte der Legeröhre, an Umfang zu, von da bis zum Ende ist er conisch verjüngt, der Leib ist hierbei von annähernd kreisrundem Querschnitt. Bei den fossilen Formen hat der Letztere durch Druck eine mehr oder weniger elliptische Gestalt erhalten. Denkt man sich den Leib der recenten Arten einem ähnlichen Drucke ausgesetzt, so wird er von der Basis bis zum Beginn der Legeröhre allmählich an Breite zu-, von da nach hinten abnehmen und jene Form entstehen, die z. B. das Abdomen von *Sphinx Schroeteri* hat. Eine andere Gestalt wird dagegen das männliche Abdomen zeigen, welches der annähernd cylindrischen Form bei den lebenden Arten entsprechend auch im fossilen Zustande eine nahezu überall gleiche Breite und ein abgerundetes Afterende zeigen wird. OPPENHEIM hat diese Formverschiedenheit benutzt zur Trennung seiner Rhipidorhabdi in *Rhipidorhabdi s. str.* und *Flabellovenae*, die wir nach dem eben Angeführten nur als geschlechtlich verschieden betrachten können. Was die Länge der Flügel anlangt, so ist kaum ein Unterschied mit *Urocerus* nachweisbar, da sowohl dort wie bei *Pseudosirex* die Flügel an den Körper angelegt bis zum Afterende reichen und ihre Basis weit nach vorn gerückt ist.

Uebersehen wir das hier Gesagte nochmals, so kommen wir zu dem Ergebniss, in **Pseudosirex** eine ausgestorbene Gattung zu sehen, welche zu den heutigen Uroceriden gehörig und mit *Urocerus* GEOFFR. selbst am nächsten verwandt ist. Ihre Selbstständigkeit erhält sie durch das Zusammentreffen folgender Charaktere:

„**Kopf** halbkugelig, sich eng an den vorn ausgebuchteten Thorax anschliessend, **Fühler** borstenförmig und von der halben Körperlänge; **Pronotum** von oben deutlich sichtbar, **Mesonotum** stark entwickelt; **Abdomen** in einen Enddorn endend, beim Männchen cylindrisch, beim Weibchen nach hinten conisch verjüngt, die **Legeröhre** im zweiten Drittel aus dem Abdomen heraustretend, dasselbe weit überragend; **Flügel** mit langem, schmalem Pterostigma, nach aussen stark winkelig gebrochener *vena basalis*, vor dem Rande endenden Hauptvenen, 1 Radial-, 2 Cubital- und 2 Discoidalzellen und in der äusseren Hälfte gefalteter Membran; **Beine** auffallend lang."

Wenngleich dem Gattungsnamen *Hagenia* die Priorität vor *Pseudosirex* gebührt, ist Letzterem doch der Vorzug zu geben, weil der Name *Hagenius* bereits 1857 von SELYS-LONGCHAMPS für eine Gomphinen-Gattung gebraucht worden ist.

OPPENHEIM hat für die zu *Pseudosirex* gehörenden Formen 6 Arten aufgestellt, welche sich auf die beiden Typen *Rhipidorhabdus* und *Fabellovena* vertheilen. Zur Trennung derselben werden von ihm die Form des Abdomens, die Grösse des Kopfes, die Länge und Dicke der Fühler und die allgemeinen Körperdimensionen benutzt. Eine Reduction dieser 6 Arten macht sich unserer Meinung nach schon deshalb nothwendig, weil die verschiedene Form des Hinterleibes sich auf geschlechtliche Unterschiede zurückführen lässt. Auch Länge und Dicke der Fühler scheint uns nicht geeignet, zur Trennung der einzelnen Arten benutzt zu werden, da an unseren Exemplaren sich sowohl lange als kurze, breite als dünne Fühler bei sonst gleichen Individuen finden. Ein constanteres Merkmal ist dagegen die Grösse des Kopfes und die damit zusammenhängende Entfernung seines Vorderrandes von der Flügelbasis, da in der That bei den von OPPENHEIM zu Fabellovena gerechneten Arten der vor der Flügelbasis liegende Körperabschnitt relativ grösser ist als bei seinen *Rhipidorhabdus*-Arten, mit Ausnahme von *Rh. gracilis*, welche deshalb hier auch mit jenen vereinigt worden ist. Auf die Körpergrösse darf kein allzu grosser Werth gelegt werden, denn in dieser Hinsicht differiren bei *Urocerus* Individuen gleichen Geschlechts einer Art so ausserordentlich (oft wie 1 : 2), dass eine ähnliche Verschiedenheit auch bei den fossilen Arten als wahrscheinlich anzunehmen ist. Einen allerdings nur bei den Weibchen hervortretenden Unterschied glauben wir in der Länge des Legestachels zu erkennen. Nach diesen 3 Merkmalen, Länge des vor der Basis der Flügel gelegenen Körperabschnittes, Länge der Legescheide und der Körpergrösse, sind hier 3 Arten unterschieden worden; inwieweit diese Sonderung berechtigt ist und die von uns gemachten Trennungsunterschiede ihre Gültigkeit behalten, kann nur die Untersuchung eines reicheren Materials, als es das hiesige ist, zeigen.

1. *Pseudosirex Schroeteri* GERM. sp.

1784. *Sphinx.* SCHROETER, Neue Literatur und Beiträge zur Kenntniss der Naturgeschichte. I. Taf. III. Fig. 16.
1837. *Sphinx Schroeteri.* GERMAR, Nov. Act. Ac. C. Leop. XIX. S. 193.
1856. *Sphinx Schroeteri.* GIEBEL, Fauna der Vorwelt. II, 1. S. 188.
1862. *Belostoma Schroeteri.* HAGEN, Palaeont. X. S. 111.
1867. *Sphinx Schroeteri* = ? *Apiaria.* QUENSTEDT, Handbuch der Petefractenkunde. S. 379.

1869. *Hagenia Schroeteri.* WEYENBERGH, Arch. Mus. Teyler. T. II. p. 250, 272.
Sphinx Snelleni. ib. p. 261. Pl. XXXIV. Fig. 9.
1873. *Sphinx Snelleni* und *Pseudosirex Darwini.* WEYENBERGH, Arch. Mus. Teyler. T. III. p. 236.
1885. *Rhipidorhabdus Schroeteri.* OPPENHEIM, Berliner Entomolog. Zeitschrift. XXIX. S. 344. Taf. XI. Fig. 7, 8.
1885. *Sphinx Snelleni* und *Sph. Schroeteri.* SCUDDER in ZITTEL, Handb. der Palaeont. I. Abth. II. Bd. S. 813, 815.

Ist in der hiesigen Sammlung nur durch ein undeutliches Exemplar vertreten, beim Vergleiche mit den anderen Arten konnten daher nur WEYENBERGH'S und OPPENHEIM'S Beschreibungen und Abbildungen benutzt werden. Nach diesen beträgt die Körpergrösse, vom Kopf bis zum Afterende gemessen, 70—77,5 mm, die Entfernung der Flügelwurzel vom Vorderrande des Kopfes ein Fünftel der Gesammtlänge. Die Legeröhre ragt nur wenig über die Hinterleibsspitze hinaus, ihre Länge zur ganzen Körpergrösse verhält sich ca. wie 1:3,5.

2. *Ps. elongatus* GERM. sp. Taf. V. Fig. 21, 22.

1837. *Belostomum elongatum.* GERMAR, Nov. Act. Ac. C. Leop. XIX. S. 205. Taf. XXII. Fig. 6.
1856. *Belostomum elongatum.* GIEBEL, Fauna der Vorwelt. II, 1. S. 371.
1862. *Belostoma elongata.* HAGEN. Palaeont. X. S. 111, 115.
1867. *Belostoma elongata.* QUENSTEDT, Handbuch der Petrefactenkunde. S. 379.
1869. *Belostomum elongatum.* WEYENBERGH, Arch. Mus. Teyler. II. S. 249, 267.
1877. *Belostomum elongatum* (cf. *Sirex*). ASSMANN, Amtl. Ber. 50. Vers. deutscher Naturforsch. München. S. 192.
1885. *Rhipidorhabdus gracilis, Fabellorcea Karschi, elegans* und *compressa.* OPPENHEIM, Berl. Entomol. Zeitschrift. XXIX. S. 341—45. Taf. XI. Fig. 10; Taf. XII. Fig. 11—14.
1885. *Belostomum elongatum.* SCUDDER in ZITTEL, Handb. d. Palaeont. I. Abth. II. Bd. S. 815. Fig. 1094.

Hierher gehören die meisten Exemplare der Dresdener Sammlung; die Männchen sind im Durchschnitt kleiner als die Weibchen; die Grösse der Ersteren variirt zwischen 48 und 57 mm, die der Letzteren von 48—69 mm. Die Dimensionen der einzelnen Körpertheile sind nach den zwei am besten erhaltenen der hiesigen Sammlung:

	Mas.	Fem.	
Körperlänge	52	54	mm.
Länge der Fühler	29	—	„
Länge des Thorax	18	—	„
Breite des Thorax	9,5	10,5	„
Länge des Abdomens	28	27	„
Basis der Vorderflügel vom Vorderrande des Kopfes	13	13	„
Länge der Vorderflügel	40,5	41,5	„
grösste Breite der Vorderflügel	11,5	12	„
Länge der Legeröhre	—	19	„

Ausser den beiden abgebildeten Exemplaren liegen uns noch 5 weitere, darunter zwei Weibchen vor. Das grösste derselben, ein Weibchen, misst 69 mm, das Abdomen 37 mm und die zur Seite gedrückte Legescheide 26 mm in der Länge. Der Hinterleib verschmälert sich von der Mitte nach dem Afterende, welches einen undeutlichen, 3 mm langen Enddorn trägt. Die Basis der Vorderflügel ist vom Stirnrande des Kopfes 16 mm entfernt.

Ein zweites Weibchen ist nur 48 mm lang, der eine Fühler 22 mm, der Hinterleib 26 mm, die Legescheide 18 mm. Die Form des Abdomens ist dieselbe wie an dem ersten Individuum. Das Thier ist GERMAR'S *Belostomum elongatum* am ähnlichsten.

Das grösste Männchen hat eine Länge von 57 mm, die Fühler von 24 mm, der gleich breite, hinten schnell zugerundete Hinterleib von 28—29 mm, der vor der Flügelwurzel liegende Körperabschnitt von 14 mm.

Zwei weitere nur 48 mm lange Männchen entsprechen *Fabellovena compressa* OPPENH.

Zu dieser Art rechnen wir die Exemplare, deren vor der Basis der Vorderflügel liegende Körpertheil ein Viertel der Gesammtlänge einnimmt und deren Legeröhre sich zur Gesammtlänge wie 1 : 2,6—2,8 verhält.

Als Männchen dieser Art betrachten wir *Fabellovena compressa* und *elegans*, möglicherweise gehört hierher auch *Rhipidorhabdus gracilis*, als Weibchen *F. Karschi* OPPENH.

3. *Ps. minimus* OPPENHEIM sp. T. V. Fig. 23.

1885. *Rhipidorhabdus minimus*. OPPENHEIM. Berliner Entomolog. Zeitschrift. XXIX. S. 344. Taf. XI. Fig. 9.

Die Type OPPENHEIM'S ist ein Männchen von 37 mm Länge, der Leib verschmälert sich erst kurz vor dem Ende und endet in einen 4 mm langen Dorn. Die Entfernung der Flügelwurzel bis zum Kopfrande beträgt ca. ein Fünftel der Körperlänge.

Ein Männchen von 40 mm Länge der Dresdener Sammlung entspricht jener Type vollkommen.

Als Weibchen dieser Art betrachten wir ein Thier von 43 mm Länge; die Flügelwurzel liegt 9 mm hinter dem Vorderrande des Kopfes, der Legestachel scheint 15 mm lang zu sein, ist aber gegen das Ende hin undeutlich; der Hinterleib verschmälert sich von der Mitte an nach hinten, die Basis der Legescheide mit den seitlichen, verbindenden, hornigen Platten tritt auch hier deutlich hervor. Verhältniss zwischen Legescheide und Gesammtlänge ca. wie 1 : 3. Diese Art ist die kleinste von allen. —

ASSMANN*) hat als verwandt mit *Sirex* auch *Apiaria antiqua* GERM.**) bezeichnet; selbst unter Benutzung der Type GERMAR'S war es uns nicht möglich, diese mit einer unserer Arten zu identificiren, da ihr Erhaltungszustand zu mangelhaft ist.

---

*) Amtl. Ber. 50. Vers. deutscher Naturforsch. München. 1877. S. 198.

**) Nov. Act. Ac. C. Leop. XIX. 1837. S. 210. Taf. XXII. Fig. 10.

Erklärung der Abbildungen.

Tafel I.

Fig. 1—6. *Mesoblattina lithophila* GERM. sp. . . . . S. 6.
„ 1, 2. Vollständige Individuen in doppelter Grösse.
M = *area mediastina*. E = *area externomedia*.
S = „ *scapularis*. I = „ *internomedia*.
„ 3, 4. Vorderflügel in doppelter Grösse.
„ 5. Halsschild und Fühler in doppelter Grösse.
„ 6. Hinterbein in doppelter Grösse.
Fig. 7—12. *Chresmoda obscura* GERM. . . . . S. 10.
„ 7. Vollständiges Individuum von oben in natürlicher Grösse.
„ 8. Desgleichen von unten.
„ 9. Vorderflügel in natürlicher und doppelter Grösse.
m = *vena mediastina*. e', e'' = *vena externomedia*.
s = „ *scapularis*.
„ 10. Individuum von oben mit den Appendices anales. Natürliche Grösse.
„ 11. Unvollständiges Individuum, die Bedornung der Schenkel zeigend. Natürliche Grösse.
„ 12. Fühler in doppelter Grösse.

Tafel II.

Fig. 1—3. *Pycnophlebia speciosa* GERM. sp. S. 20.
„ 1. Männliches Individuum in natürlicher Grösse.
m = *vena mediastina*.
se = „ *scapularis* und *externomedia*.
o = Innerer Ast der *vena externomedia*.
i = *vena internomedia*.
„ 2. Weibliches Individuum in natürlicher Grösse. Bezeichnung wie in Fig. 1.
„ 2a. Vorderbein des in Fig. 2 abgebildeten Thieres in doppelter Grösse.
„ 3. Pronotum in natürlicher Grösse.

Fig. 4—5. *Elcana amanda* HAG. sp. . . . . S. 14.
" 4. Weibchen in natürlicher Grösse.

a = Nebenadern in der *area mediastina.*		Dieselbe Bezeichnung in Fig. 5—7.
m = *vena mediastina.*		
s = " *scapularis.*		
e, e' = " *externomedia.*		

" 5. Vorderflügel in doppelter Grösse.

Fig. 6. *Elcana tessellata* WESTW. sp. — Vorderflügel in doppelter Grösse. Copie nach WESTWOOD. . . . . S. 16.

Fig. 7. *Elcana Geinitzi* HEER sp. — Vorderflügel in dreifacher Grösse. Copie nach E. GEINITZ. . . . . S. 17.

Fig. 8. *Clathrotermes signatus* HEER. — Vorderflügel in dreifacher Grösse. Copie nach HEER . . . . S. 17.

Fig. 9—10. *Gryllacris propinqua* DEICHM. . . . . S. 26.

" 9. Vollständiges Individuum in natürlicher Grösse.
m = *vena mediastina.* a = Zweige der *vena analis.*
s, s' = " *scapularis.*
e = " *externomedia.*
i = " *internomedia.*

" 10. Desgleichen, Weibchen in natürlicher Grösse.

Fig. 11. *Phaneroptera Germari* MUENST. — Natürliche Grösse . . . . S. 19.

Fig. 12. *Conocephalus capito* DEICHM. — Natürliche Grösse. Original in der Sammlung der Universität Göttingen. . . . . S. 24.

Fig. 13. *Ephemera mortua* HAG. in zweifacher Grösse . . . . S. 29.

Tafel III.

Fig. 1—3. *Estemoa gigantea* MUENST. sp. . . . . S. 35.

" 1. Weibchen in natürlicher Grösse. — Type zu GERMAR'S *Aeschna gigantea* in Nov. Act. Ac. C. Leop. XIX. Taf. XXIII. Fig. 14. in der K. Paläont. Sammlung zu München.

" 2. Hinterleib eines Männchens in natürlicher Grösse.

" 3. Hinterleib eines Weibchens in natürlicher Grösse. (*Petalura eximia* sequ. HAG.) — Original in der K. Paläont. Sammlung zu München.

Fig. 4. *Estemoa densa* HAG. sp. — Weibchen in doppelter Grösse . . . . S. 34.

Fig. 5—8. *Cymatophlebia longialata* GERM. sp. S. 49.
" 5. Vorderflügel der Type zu GIEBEL'S *Aeschna multicellulosa* in Zeitschr. f. d. ges. Naturwissensch. IX. Taf. VI. Fig. 2, in der Sammlung der Universität zu Heidelberg.
" 6. Hinterleib eines Männchens in natürlicher Grösse.
" 7, 8. Hinterflügel in natürlicher Grösse.

Tafel IV.

Fig. 1, 2, 9 und 10. *Protolindenia Wittei* GIEB. sp. . . . . S. 37.
" 1. Weibchen in natürlicher Grösse. — Original in der K. Paläont. Sammlung zu München.
" 2. Männchen in natürlicher Grösse. — Type zu GIEBEL'S *Aeschna Wittei* in Zeitschr. f. d. ges. Naturwissensch. XVI. Taf. 1. Fig. 1, in der Sammlung der Universität zu Göttingen.
" 9, 10. Körper männlicher Individuen in natürlicher Grösse.
" 3, 11 und 12. *Uropetala Köhleri* HAG. sp. S. 52.
" 3. Weibliches Individuum in natürlicher Grösse.
" 11, 12. Körper und Hinterleibsende männlicher Individuen in natürlicher Grösse. — Originale in der K. Paläont. Sammlung zu München.
" 4—6. *Isophlebia Aspasia* HAG. — Basaltheil der Flügel in natürlicher Grösse. Original in der K. Paläont. Sammlung zu München . . . . S. 56.
" 7. *Cordulegaster ? intermedius* MUENST. sp. — Natürliche Grösse . . . . S. 45.
" 8. *Stenophlebia aequalis* HAG. — Thorax und Beine in doppelter Grösse . . . . . S. 42.
" 13. *Stenophlebia* sp. — Linker Vorderflügel der Type zu GERMAR'S *Agrion Latreillei* in Nov. Act. Ac. C. Leop. XIX. Taf. XXIII. Fig. 16, in der K. Paläont. Sammlung zu München. Natürliche Grösse . . . . S. 44.
" 14. *Stenophlebia* sp. — Linker Vorderflügel der Type zu GIEBEL'S *Calopteryx lithographica* in Zeitschr. f. d. ges. Naturwiss. IX. Taf. IV. Fig. 1, in der Sammlung der Universität zu Heidelberg. Natürliche Grösse . . . . S. 45.

Tafel V.

Fig. 1—3. *Belostoma deperditum* GERM. sp. S. 61.
" 1. Individuum in natürlicher Grösse. — Original in der Sammlung der Universität zu Göttingen.
" 2. Oberseite, 3. Unterseite desselben Exemplares.

Fig. 4, 5. *Nepa primordialis* GERM. — Natürliche Grösse . . . . S. 60.
„ 6. *Naucoris lapidarius* WEYENB. — Abdruck der Unterseite in natürlicher Grösse S. 63.
„ 7. *Notonecta Elterleini* DEICHM. — Natürliche Grösse . . . . S. 64.
„ 8. *Chlaenius solitarius* DEICHM. — Natürliche Grösse . . . . S. 65.
„ 9. *Amara ? Pseudo-Zabrus* DEICHM. — Natürliche Grösse . . . . S. 65.
„ 10—12. *Pseudohydrophilus longispinosus* DEICHM. . . . . S. 67.
„ 10. Abdruck der Unterseite in natürlicher Grösse.
„ 11. Hintertarsen in doppelter Grösse.
„ 12. Unterseite in natürlicher Grösse.
„ 13. *Geotrupes lithographicus* DEICHM. — Natürliche Grösse . . . . S. 69.
„ 14. *Eurythyrea grandis* DEICHM. — Natürliche Grösse . . . . S. 70.
„ 15, 16. *Sphenoptera Sphinx* GERM. sp. — Doppelte Grösse . . . . S. 70.
„ 17, 18. *Pyrochroa brevipes* DEICHM. — Natürliche Grösse . . . . S. 72.
„ 18*. Mittelschiene und Tarso. Vergr. $\frac{4}{1}$.
„ 19. *Cerambycites dubius* GERM. sp. — Natürliche Grösse . . . . S. 75.
„ 20. *C. minor* DEICHM. — Natürliche Grösse . . . . S. 74.
„ 21—22. *Pseudosirex elongatus* GERM. sp. . . . . S. 83.
„ 21. Männchen, Abdruck der Unterseite. Natürliche Grösse.

m = *vena marginalis.* r = *vena radialis.*
s = „ *scapularis.* c = „ *cubitalis.*
d = „ *media.* p = Pterostigma.
b = „ *basalis.*

„ 22. Weibchen, desgleichen.
„ 23. *Ps. minimus* OPPENH. — Nach einem Wachsabdruck gezeichnet. Natürliche Grösse S. 84.

Taf. I.

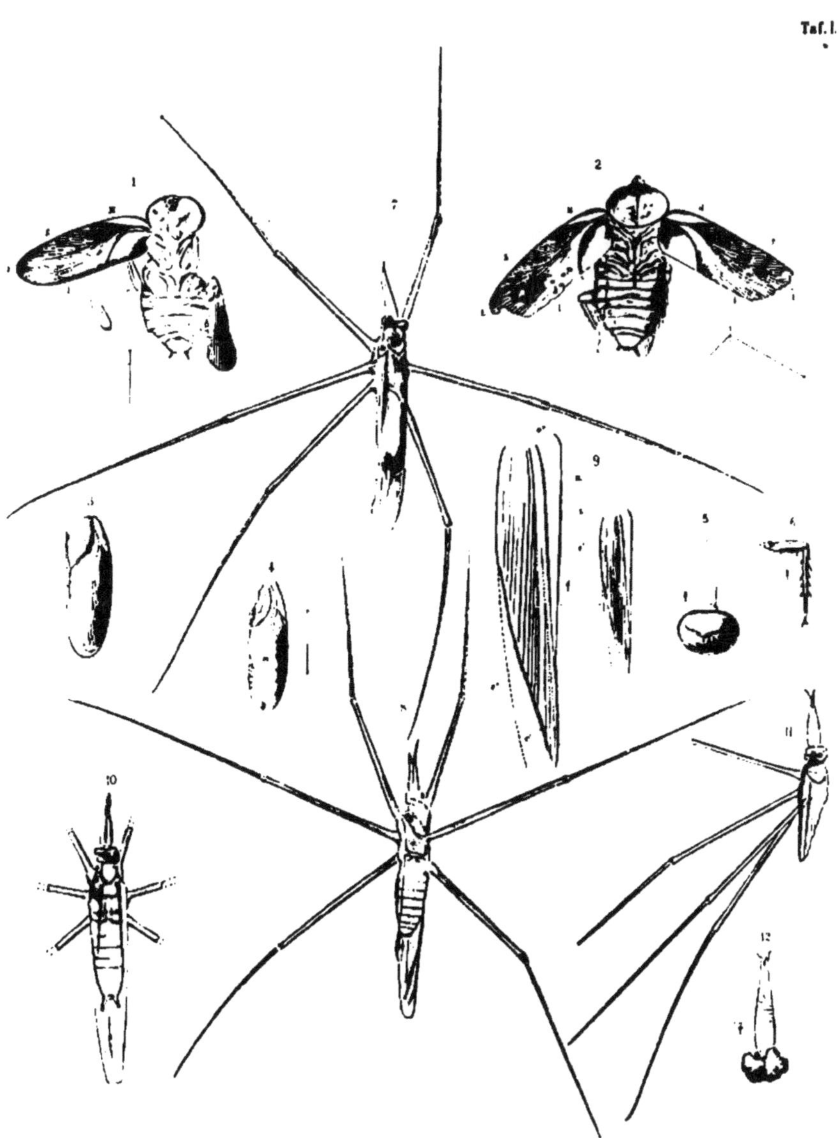

Taf. II.

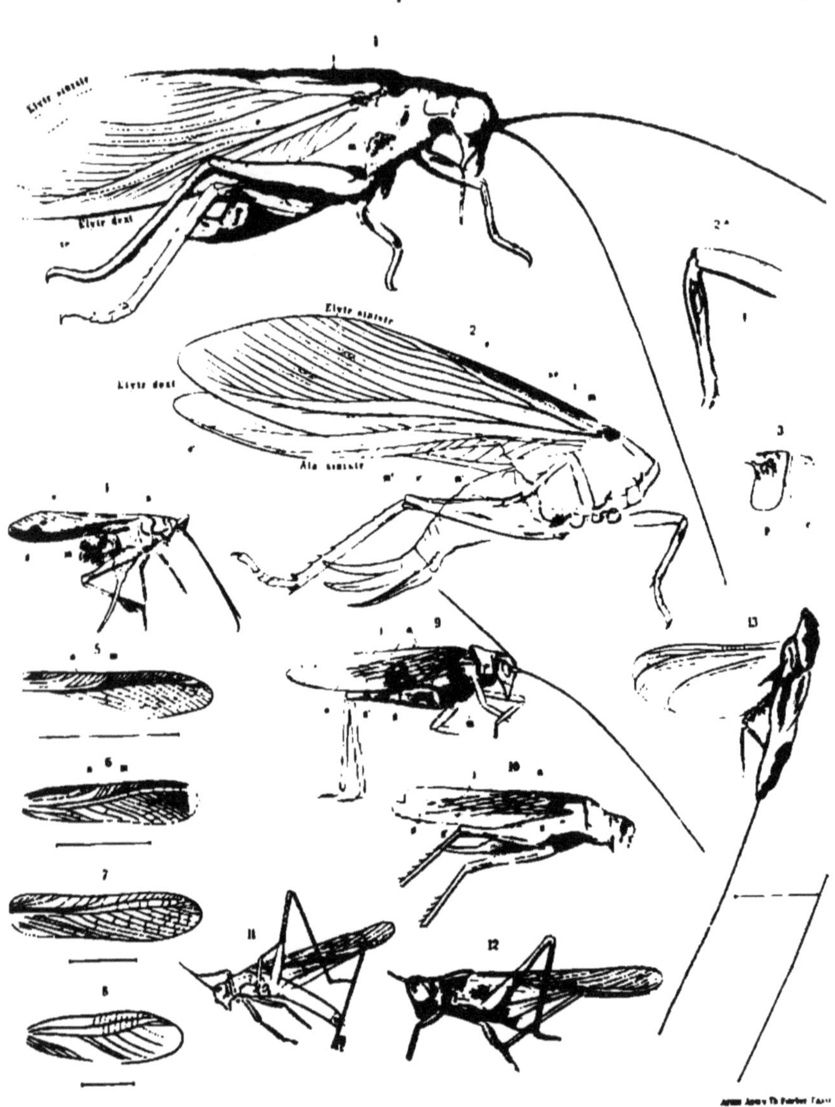
Elytr sinistr
Elytr dext
Elytr sinistr
Elytr dext
Ala sinistr

Taf. III

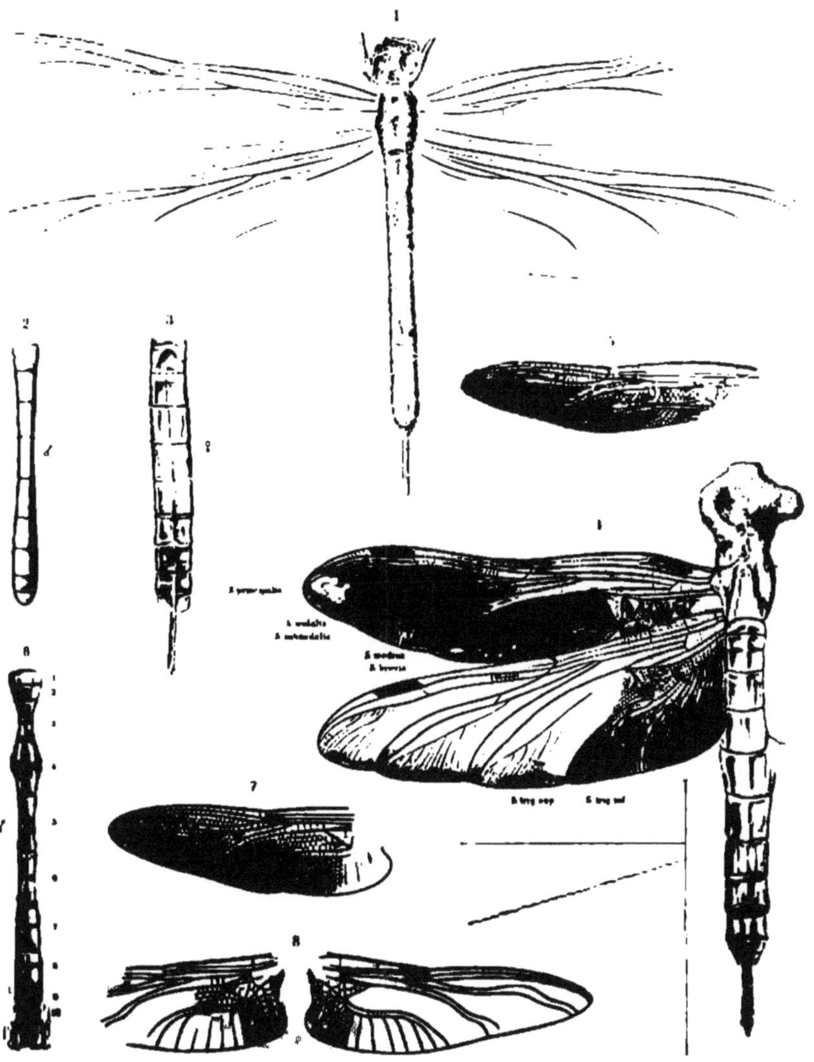

Taf IV

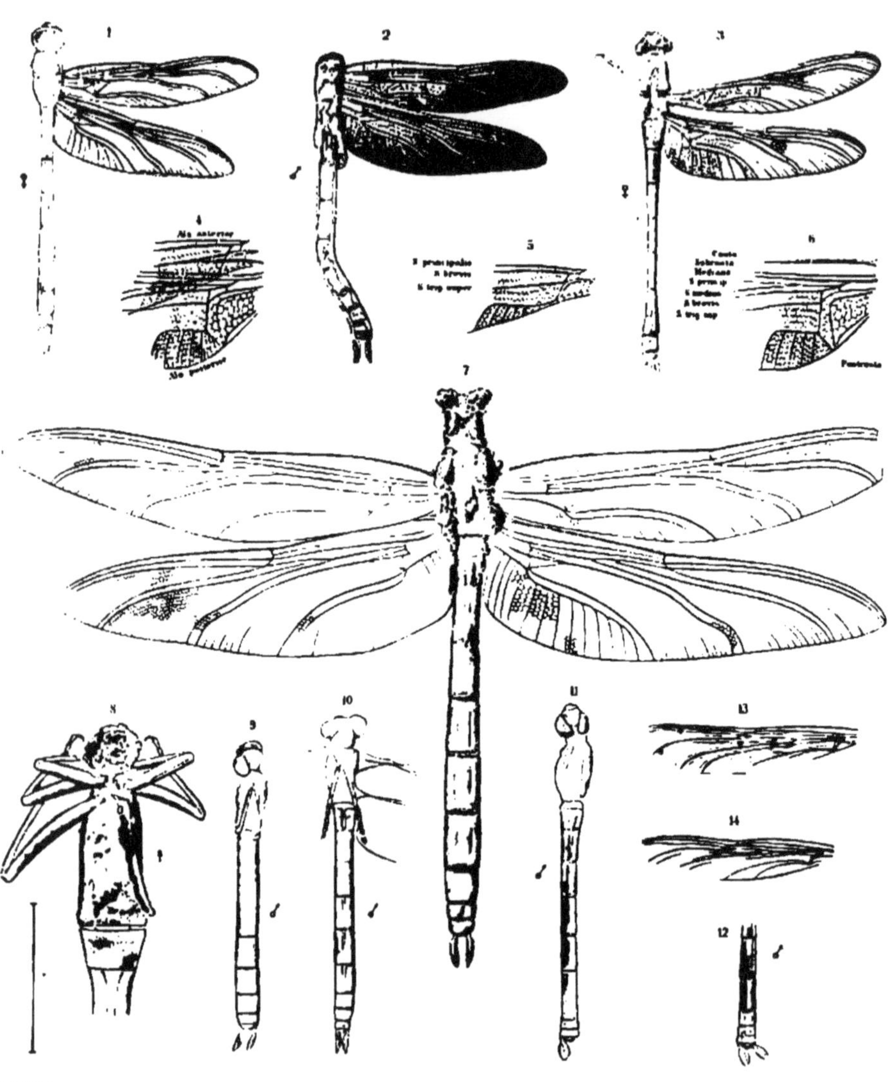

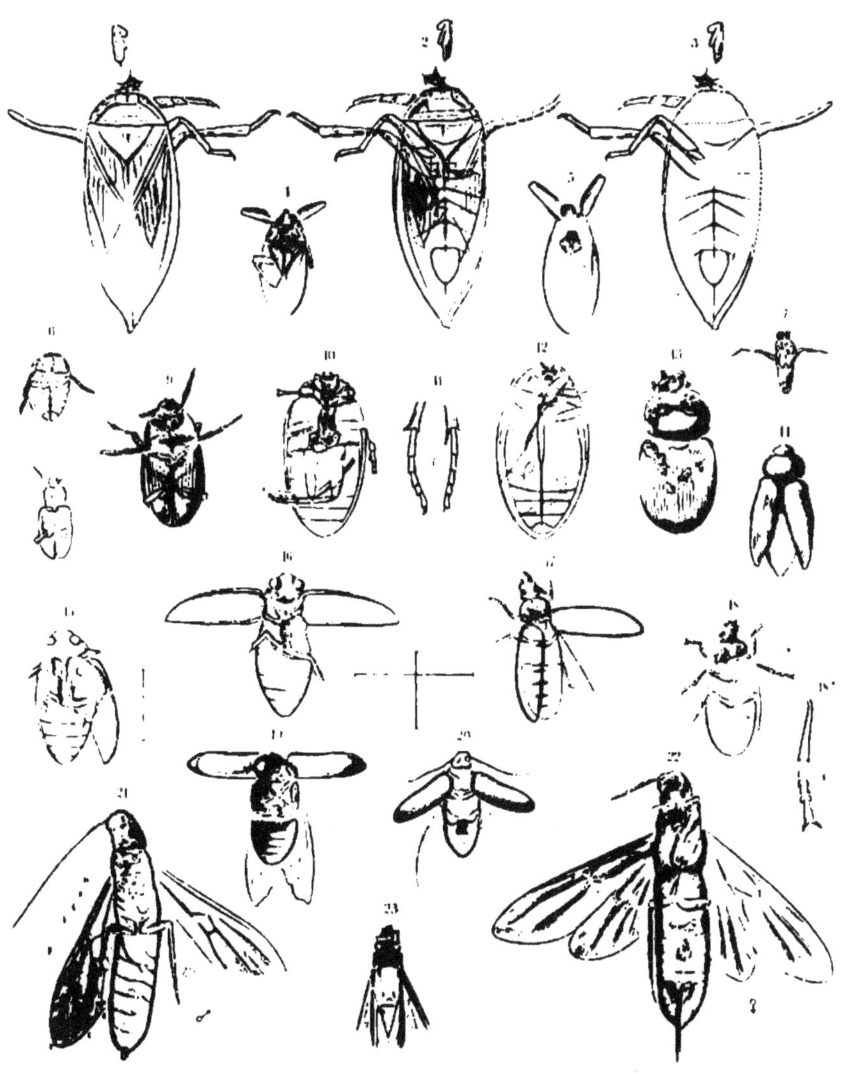